生活因阅读而精彩

生活因阅读而精彩

苹果CEO库克传

刘小玲●著

不做乔布斯
做最好的自己

在面对人生重大决定的时候，直觉更能让你做出正确的选择。
——Tim D. Cook（蒂姆·库克）

中国华侨出版社

图书在版编目(CIP)数据

不做乔布斯,做最好的自己:苹果 CEO 库克传 / 刘小玲著.

—北京:中国华侨出版社,2013.1

ISBN 978-7-5113-3164-9

Ⅰ.①不… Ⅱ.①刘… Ⅲ.①库克,T.D.-传记

Ⅳ.①K837.125.38

中国版本图书馆 CIP 数据核字(2012)第312710 号

不做乔布斯,做最好的自己:苹果 CEO 库克传

著　　者 / 刘小玲

责任编辑 / 文　喆

责任校对 / 李向荣

经　　销 / 新华书店

开　　本 / 787×1092 毫米　1/16 开　印张/17　字数/250 千字

印　　刷 / 北京建泰印刷有限公司

版　　次 / 2013 年 4 月第 1 版　2013 年 4 月第 1 次印刷

书　　号 / ISBN 978-7-5113-3164-9

定　　价 / 29.80 元

中国华侨出版社　北京市朝阳区静安里 26 号通成达大厦 3 层　邮编:100028

法律顾问:陈鹰律师事务所

编辑部:(010)64443056　　64443979

发行部:(010)64443051　　传真:(010)64439708

网址:www.oveaschin.com

E-mail:oveaschin@sina.com

前　言

在这个世界上，很多人的命运会因为另一个人的出现而被彻底改变。对于苹果现任 CEO 蒂姆·库克来说，他的命运就是因为乔布斯的出现而被改变了。

库克早在加盟苹果之前，曾先后任职于 IBM 和康柏，负责产品制造和库存管理。在为两家公司工作时，库克表现出了出色的工作能力，同时也积累了很多工作经验。但也许是命中注定，他不会在这两家公司工作太久。虽然库克表面上看给人一种沉稳、踏实的感觉，但事实上，他却有一颗不安分的心。

他时刻盼望自己能够找到一家真正让自己感觉合适的公司，然后为之贡献自己的力量。机会终于来了，1998 年的某天，重新回到苹果的乔布斯找到了库克，此前乔布斯曾对他进行了详细的研究。乔布斯认为如果能够把库克成功挖到苹果，那么对于处于困境的苹果公司来说，那将是一件值得庆幸的事。

了解乔布斯的人都知道，乔布斯擅长说服，他总能用他的激情打动对方的心。当他对库克说："我渴望得到你的帮助，如果你愿意，我们将共同努力为创造一个伟大的公司而奋斗"时，库克被深深地打动了。从此两人成了一对最佳拍档。

库克刚刚加入苹果时，苹果正处于史上最困难的时期。这一时期的苹果就是别人眼中的烂苹果，没人对它抱有期望。

然而，库克却是一个性格倔强之人，别人越质疑，他越劲头十足。此后，用了几年的时间，库克对苹果进行了大刀阔斧的改革，他先是精简了苹果的制造部门，之后又理顺了公司的库存管理。在他的精心谋划下，苹果公司终于旧貌换新颜，从此步入了快速发展的轨道。

有人说库克是除乔布斯之外，最了解苹果文化内涵的人。此话不假。他深知竞争对于苹果公司的重要性，所以他常常和乔布斯就提高竞争力问题进行商谈。为了把苹果公司打造成为一个业界最优秀、最具实力的公司，库克带领他的团队亲手打造了一个完美的供应链。这是苹果产品得以走向世界、争霸全球的保障。

作为公司的运营大师，善于营销的库克用自己的努力，帮助苹果公司打造出了一款又一款广受追捧的明星产品。他所制定的营销战略让i-Pod风靡一时；iPad在他的谋划下走上了神坛；他是云策略的谋划者，他帮助苹果成功开辟了中国市场。他为苹果所做的贡献无人能及。

也许是因为乔布斯的影响力太过强大，人们总把目光放在乔布斯身上，也总把苹果的成功归功于乔布斯一人。其实这对于一直默默地在背后付出的库克来说，难免有些不公。事实上，乔布斯的风光是被库克和他的团队一手托起来的。

在和乔布斯搭档的日子里，乔布斯了解了库克的做事能力，库克成为了乔布斯最信任的人。因为这份信任，所以乔布斯在三次病重时，毫不迟疑地把管理苹果的重担交到了库克手中。乔布斯深知，凭借库克的能力，他完全可以扛起这个重担，帮助苹果顺利运营。而库克则不负厚望。在他作为"代船长"期间，苹果公司不但没有停止前进的步伐，反而还新动作频繁。

库克是想通过这些举措告诉每一个人，尽管乔布斯暂时离开了苹果，但苹果并没有因为乔布斯的离开而受到任何影响。苹果照样是业界的巨无霸，苹果的团队照样是世界上最优秀的团队。

两个在一起相处久了是会互相影响的。对于库克来说，乔布斯对他最大的影响就是追求完美。

和乔布斯一样，库克认为苹果公司要想在世界始终保持领先，就必须要用完美主义要求自己。必须要确保自己的产品是完美无瑕的，自己的服务是完美无缺的。正是因为这样，库克常常对苹果的员工说："不要放过每一个细节。""我们还可以做得更好一些。"

库克不是一个惧怕挑战的人，否则他就不会接受 CEO 这个职位。对于很多人来说，当苹果的 CEO 是需要勇气的，是需要面对众多压力和质疑的，毕竟乔布斯的影响力是那样巨大。对于任何一个继任者，即使做得再好，也会被人怀疑。但库克不在乎，他只想用自己的实力证明别人的质疑是没有任何理由的。

所以，当苹果公司面临谷歌、微软、三星、诺基亚等众多国际巨头的围追堵截时，库克毫不畏惧，带领苹果团队毫不犹豫地冲了上去。

此时的库克是野心勃勃的。他想让苹果公司无论是在网络电视领域、智能手机领域、移动互联网领域，还是平板电脑领域都保持领先地位。为了实现这个梦想，他带领苹果团队屡屡发力，并且信心十足。最终，凭借自己的努力，库克向所有人证明了自己。

有人说库克是当今世界上最富有的 CEO，这话不假。库克所拥有的财富足以令所有人艳羡。然而说起他的生活和爱好，也许所有人都会大跌眼镜。

库克不是一个喜欢奢华生活的人，相反，他崇尚节俭。世界上没有豪宅的 CEO 是少见的，库克便是其中一个。当别的 CEO 都去打高尔夫、骑马时，库克却骑着自行车穿梭在林荫小道上。在他眼里，这一点也不丢份儿，只要自己喜欢就行。

如今，库克已经接任 CEO，苹果公司在这期间所取得的成就，足以说明库克是一个合格的继任者。当有人问他会不会沿着乔布斯的方向领导苹果时，他只说了一句话："不做乔布斯，只做最好的自己。"

目 录

上篇
跟随乔布斯一起种苹果

第三章　做"代船长"，有所为有所不为

下　篇

库克用什么来执掌"苹果方舟"

第四章　运营天才的积累期——乔布斯创业时库克在做什么

上 篇

跟随乔布斯一起种苹果

　　如今的苹果公司已经成为了当今世界上名副其实的高科技巨无霸，它的产品风靡全世界，它的粉丝遍布全球。我们在赞叹苹果创始人乔布斯的伟大时，也不该忽略乔布斯身边那个优秀的团队。我们很难想象，如果没有硅谷天才史蒂夫·沃兹尼亚克，苹果的第一台电脑是滞能够诞生；如果没有被称为"苹果设计灵魂"的乔纳森·艾维，苹果如何能创造那些设计完美的产品；而在乔布斯病重休假期间，如果没有首席运营官库克接过乔布斯的重担，苹果公司是否会继续顺利运营。所以，当我们一次次地赞美和追忆伟大的乔布斯时，我们也应该记住那些跟乔布斯一起种苹果的人。

第一章
是谁托起了光芒四射的乔布斯

没有谁会怀疑乔布斯的伟大,作为苹果的 CEO,天才般的乔布斯创造了一个又一个令人吃惊的奇迹。在他的手上,苹果公司从一个名不见经传的小公司一跃而成为了当今世界上的高科技巨无霸。然而,我们也应该知道,仅凭一人之力是无法创造出一个伟大的事业来的,因为一个人的能力再强也毕竟是有限的。如果乔布斯身后没有一个能为他建言献策的团队的话,乔布斯的伟大就会减半,苹果公司的成就也将会减半。可以说,正是乔布斯身后那个优秀的团队托起了光芒四射的乔布斯。

第一节　史蒂夫·沃兹尼亚克

如今一提到苹果公司,人们自然会想到大名鼎鼎的乔布斯,其实在刚开始时,苹果公司并不是由乔布斯一人创建的。和乔布斯一起创建苹果公司还有一个名叫史蒂夫·沃兹尼亚克的人。沃兹在当时的圈里名气很大,有人甚至称他为"硅谷天才"。

沃兹和乔布斯很早就认识了,两人是在一个游泳俱乐部结识的,沃兹比乔布斯大四岁。

1968年,13岁的乔布斯跟着一个朋友去这个朋友的表哥家看他表哥制作电脑。这是乔布斯生平第一次接触电脑。这个制作人就是沃兹。沃兹生性不爱讲话,不知道该如何给这个小朋友讲解机器的原理。从此乔布斯便迷上电子学,后来在一个朋友的推荐下,乔布斯加入了一个技术交流俱乐部。

在此期间,乔布斯和沃兹渐渐熟悉了起来,成了亲密的朋友。他们常常在一起制作一些电子新玩意儿,还一起到斯坦福大学的图书馆查阅资料。沃兹虽然不善言谈,但他的技术却十分高超。在技术领域,乔布斯一直认为沃兹是世界上最伟大的电脑天才。

时间到了1974年,乔布斯选择了一家电玩公司为其打工,而沃兹已经成为了惠普的工程师。虽然两人不在同一公司上班,但他们依旧利用业余时间在一起鼓捣新玩意儿。在这段时间里,沃兹凭借着他天才的设计能力,成功地设计出了一台完整的个人电脑。

商业嗅觉灵敏的乔布斯立马嗅到了这台电脑的商业价值,于是他和沃兹达成了一项协议:乔布斯负责电脑制作,沃兹则把他在惠普的工资拿出来平分。就这样,两人利用晚上的时间一起开发程序和制作硬件,沃兹负责制作电路板,乔布斯负责在白天进行销售。

可以说,此时的沃兹和乔布斯已经开启了个人电脑时代。此时的乔布斯和沃兹对于苹果的未来充满了信心,为了让苹果公司迅速在业内占有一席之地,他们决定立即研发一款样机。这个重担自然而然就落到了沃兹的身上。沃兹自己似乎也感觉到自己接下来要做的事,如果能够获得成功,将会是一个前无古人的壮举。

1975 年 3 月,沃兹受邀参加一个叫"自制电脑俱乐部"的聚会。这次聚会对于沃兹来说可谓是意义重大。在这次聚会上,沃兹获得了一份仿英特尔 8008 微处理器的技术规格文件,受这份文件的启发,沃兹最终决定自行研制电脑。

看着这份文件,沃兹兴奋得不得了,当晚就在纸上画了一份苹果一号的设计草图。后来他把这幅草图拿给俱乐部的成员进行讨论,在得到别人的认可后,他便开始利用下班时间在惠普的办公室组装苹果一号。

当时的电脑打开电源后,会有半小时没有动作,基于他在惠普研发计算器的经验(计算器一开机就必须进入待机状态准备接受算数指令),沃兹在只读内存写了一支轮询监控程式方便电脑与周边设备(键盘)沟通,经过一番故障排除测试后,1975 年 6 月 29 日的晚上 10 点钟,苹果一号的屏幕上显示出键盘所输入的字符。伴随着苹果一号的诞生,个人电脑历史从此翻开了新的一页。

当沃兹将这个消息告诉给乔布斯时,乔布斯兴奋不已。随后他便向沃兹提议开设公司贩售印刷电路板,在得到沃兹的同意后,两人于 1976 年 4 月 1 日正式成立了苹果电脑公司。

公司成立之后,沃兹研制的苹果一号很快受到了一位商家的青睐,经过协商,该商家向苹果公司下了订单。结果在这年年底,苹果一号就卖出了 150 部,为公司赢得了进 8 万美元的收入。

苹果一号的大功告成更增加了沃兹继续研制的热情和信心,很快他就开始着手苹果二号的设计了。经过近一年的研制,1976 年 8 月,苹果二号的电路板正式出炉。1977 年 1 月苹果二号在旧金山举行的西岸电脑展中正式亮相。这款苹果机一亮相就吸引了众多买家的眼球，短短几个月的时间里，就卖出了300台，此后销量屡创新高。

从1978年到1979年，苹果二号的销售量一路走高，从每个月一千部上升到了一万部。随着苹果二号的横空出世，苹果公司也迅速在业内崭露头角。公司的发展呈现出一片大好的景象。为了进一步募集资金，扩大公司的规模，乔布斯和沃兹经商议，决定于1980年12月12日，正式在纳斯达克证券交易所上市。460万发行流通股紧紧用了一个小时就销售一空，这使得苹果公司成为了自20世纪50年代福特汽车公司上市以来超额认购最多的一次首度公开发行股票案。

在接下来的16年中，各种型号苹果二号共售出了近600万台。相比其他电脑，苹果二号真正开创了个人电脑产业。可以说，在苹果公司一步步走向成功的过程中，沃兹扮演了极其重要的角色，他对苹果公司所做出的贡献是永远无法被磨灭的。苹果二号电脑之所以能大获成功，正是因为沃兹设计出了其令人赞叹的电路板和相关的操作软件。有人甚至把这个发明称为是20世纪最伟大的个人发明之一，也有人称其为是使电脑进入大众家庭的工程师。

这位苹果电脑的真正发明者，早年都有些什么经历呢？阅读他的经历，也许我们会感觉到沃兹的确是一个为电脑而生的天才。

沃兹出生于美国加州的圣荷西市，父亲是一名工程师，因受父亲的影响，沃兹从小就对电子学产生了浓厚的兴趣，父亲在意识到儿子在电子学方面的天赋之后，更是对他进行了细致的启蒙教育。可以说在数学逻辑方面，沃兹从小就显现出了比别的孩子更胜一筹的天赋。在父亲的帮助下，年仅13岁的沃兹就考取了美国业余无线电执照。在别的小朋友在嬉戏打闹时,沃兹已经开始学着组装海利克拉夫特斯无线电收发器了。这使得他成为了全美最年轻的"火腿族"之一。

两年之后,沃兹便成功组装出了以二进制表示的加法减法器。到了十8岁时,沃兹在一个老师的介绍下开始到一家名为喜万年的电脑公司打工。在这里,沃兹开始学习编写 FORTRAN 编程语言。也是在这里,沃兹得以有机会接触到载有迷你电脑内部构造的电脑操作手册。这本电脑操作手册从此成了沃兹最亲密的朋友,沃兹对它爱不释手,在这本手册的启发下,沃兹开始练习在纸上绘制电脑设计图。

后来,沃兹又到坦勒特电脑公司当了一名程序设计师。就在他刚进入公司的这年夏天,公司主管给了沃兹 20 颗电脑芯片,试图让沃兹试着设计真正的电脑。这 20 颗芯片让沃兹激动不已。随后他就在一个车库里试着组装,他和这名主管一边工作一边啜饮奶油苏打汽水,于是沃兹便将组装完成后的电脑命名为"奶油苏打电脑"。

这是一款极具特色的电脑。在这款电脑里,沃兹安装了随机存取内存芯片,这种芯片既小巧又精美,比那种装有几百颗芯片的庞然大物方便美观得多。

也正是由于这款电脑,沃兹得以和乔布斯结识。

在沃兹的发明史上,还有一个叫"蓝盒子"的玩意儿是让沃兹倍感自豪的。

那是 1971 年,这年沃兹正在加州大学伯克利分校读大三。一次,沃兹无意中看到了一份名为《君子》的杂志,其中有一篇关于"电话飞客"的报道引起了他的兴趣。这则报道说的是一个可以打免费电话的"蓝盒子"机器设备。看过这则报道后,沃兹兴趣盎然,他决定自己研制一个蓝盒子。

他使用晶体振荡器确保频率准确度,并将芯片输入端所散逸的微弱电子讯号重新导向晶体管放大器,使得一组零件可以同时做三件事,而不只是输出输入两件事。沃兹对于这款电路设计十分满意,而这款电子蓝盒子也没有辜负他的期望,最终获得了成功。

当时沃兹已经和乔布斯很要好了,乔布斯在看到这款蓝盒子时,高兴得手舞足蹈。

不得不说,苹果公司如今的辉煌正是沃兹用自己的心血和才智浇灌出来的。凭借着多项伟大的发明,沃兹于2000年9月,被正式列入美国国家发明家名人堂。

第二节　安迪·赫茨菲尔德

借着沃兹研发的苹果一代和二代电脑,苹果公司开始在业内崭露头角。对于乔布斯来说,一场伟大的竞争刚刚拉开序幕。然而此时的苹果公司实力还不足以和IBM这样的大公司相媲美。

在世界上第一台微型电脑于1975年初问世以后,吸引了众多计算机制造商的眼球,同时也挑起了他们想要在这个新兴市场上分一杯羹的欲望。比如姆赛公司、坦迪、科莫多尔和无线电音像城等等公司都在跃跃欲试。

几乎所有从事IT业的人都意识到在不久的将来,计算机领域定是一个前途远大的领域。对于商业头脑一向敏锐的乔布斯来说,他更是对此充满了信心。在他看来,这将是一场恶战,苹果公司要想在众多计算机制造商中脱颖而出,独吞这块巨大的蛋糕,就必须在第一时间推出新的、引领业界潮流的商品才行。

在这些竞争者中,乔布斯认为对苹果公司威胁最大的是坦迪公司。

1985 年,在接受著名时尚杂志《花花公子》专访时,乔布斯说:"我曾看到一盘非公开的录像带。它是为美军参谋长联席会议准备的。我发现,至少在几年前,部署在欧洲、由美军管理的每一枚战术核武器,都是利用苹果Ⅱ指定攻击目标。目前,我们并未向军方出售产品,我想是军方自行到经销商处购买的。但是,我们的电脑被用于为欧洲的核武器指引目标,并不令我们感到高兴。唯一令人欣慰的是,军方至少没有使用(Radio Shack 生产的)TRS-80!谢天谢地。"

不难看出,从不惧怕任何挑战的乔布斯对 Radio Shack 生产的 TRS-80 计算机有着些许的忌惮之心。

Radio Shack 到底是一家什么样的公司呢?它为何会让一向热衷挑战的乔布斯感到忧虑呢?

这家公司诞生于上世纪 70 年代中期,它的创建者名叫坦迪。上世纪 60 年代初,坦迪经营的是一家皮革公司,后来当制革业逐渐走向没落之时,坦迪便将目光转向了正在蓬勃兴起的电子领域。

说服董事会后,坦迪收购和注资了 Radio Shack 电子杂货店,成为了这家杂货店的老板,当时这家公司旗下有 9 家店。

到了 70 年代后期,一股民用无线电热潮在美国兴起,借着这样的东风,Radio Shack 公司迅速发展起来,为了提高公司的竞争力,坦迪相继又开设了多家店铺。

坦迪是一个野心勃勃之人,在获得了如此巨大的成功之后,他又给自已制定了新的目标,那就是要让公司的产品成为所有喜欢做 DIY 的客户的首选。

坦迪并不是异想天开。在此以前，计算机是一种非常昂贵的大型设备,除了一些大公司和政府机构用得起外,普通人是根本用不起的。而此时,以乔布斯为首的一些发烧友已经开始了研制个人电脑的尝试,而要研制个人电脑,就离不开各种元器件。

于是坦迪的 Radio Shack 电子商店,就成了这批发烧友经常光顾的地方。就在这种一来一往中,坦迪的 Radio Shack 已经跟上了电子潮流的发展趋势。

1977 年,苹果公司推出了个人电脑,这让坦迪意识到个人电脑的发展前景。为了和苹果公司一争高下,坦迪四处招贤纳士,组成了一个庞大的研发团队,专门负责研制个人电脑。最终 Radio Shack 的研发部门研制成功了 TRS-80 电脑,并在同年晚些时候将这款电脑推向了市场,结果赢得了开门红。凭借着并不逊色于苹果电脑的功能,TRS-80 迅速被消费者接受,产品销量一路走高。激动不已的坦迪随即便成立了一个专门生产个人电脑的公司。

一年之后,坦迪公司电脑的销量便超过了苹果公司。乔布斯为此深感不安。在此期间,苹果公司一直靠着苹果 II 型电脑勉强支撑着局面,乔布斯意识到如果再不推出新产品, 很可能会被坦迪公司打得落花流水。于是, 他决定将赌注押在一个新产品的研发上, 力图以此击败包括 Radio Shack 公司在内的众多对手。这款被寄予厚望的新产品就是以后大获成功的麦金塔电脑。

麦金塔电脑采用摩托罗拉公司 32 位 68000 微处理器,速度超过 IBM

PC 机。它是第一个大众型的图形用户平台,整个系统可以放在旅行包里带走。它的功能达到丽萨电脑的 7/10,而价格仅为其 1/5,标价 2795 美元。在一系列精心策划下,麦金塔电脑销售量达到了 7 万台;到 1984 年底,累计售出 27 万台。

对于这款计算机,乔布斯从不掩饰自己的自豪之情。他曾在很多场合声称:"1977 年 Apple Ⅱ 是第一个里程碑产品,1981 年 IBM 个人计算机则是该行业第二个里程碑产品,1984 年的麦金塔将是第三个里程碑产品。"

事实上正如乔布斯所说,麦金塔电脑确实获得了巨大的成功。如今当人们再次提起这款曾经轰动一时的伟大产品时,似乎只记得乔布斯的名字。事实上,麦金塔电脑之所以能够面世,并且能够在竞争激烈的计算机市场上拔得头筹,得益于其背后的那个精明强干的研发团队。而在这个伟大的团队中,有一个人的名字是不应该被人们忘记的,这个人就是麦金塔电脑的核心制造者——安迪·赫茨菲尔德。

对于苹果公司来说,安迪·赫茨菲尔德是一个有着重大意义的人物,他是乔布斯的朋友,更是推动乔布斯走向成功的关键人物。

在这个研发项目刚立项时,乔布斯就给这个团队取了一个颇具象征意义的名字——海盗营,为了鼓舞士气,他们还特地在公司大楼上升起了一面海盗旗。安迪·赫茨菲尔德被乔布斯寄予厚望。

在这个研发团队中,安迪·赫茨菲尔德主要负责开发麦金塔的核心操作系统和用户界面工具箱,及各种桌面附件程序。

谁都知道乔布斯是一个热衷竞争的完美主义者,为了促成麦金塔电脑的成功,乔布斯对这个团队提出了超乎寻常的苛刻要求。为了尽快将电脑推向市场,乔布斯只给了安迪和他的团队不到一年的时间。这样的要求在任何人看来是都疯狂的，并且是根本不可能完成的。

　　然而安迪还是勇敢地接受了这个挑战。在接手这个项目近一年的时间里，安迪就像是一台不知疲倦的机器，整日整夜不停地旋转。他一遍又一遍地修改完善自己的设计方案，直到让乔布斯满意为止。凭借着自己的设计天赋，安迪最终设计出了前所未有的图形界面操作系统，这一创造性的发明，标准着计算机图形界面时代的来临。

　　可以说，麦金塔电脑的出现在计算机历史上具有指针性的意义。正是麦金塔操作系统促成了后来微软的 Windows 系统的诞生。如今微软的 Windows 系统几乎垄断了整个个人计算机操作系统市场，不得不说微软的成就是建立在安迪的天才设计上的。

　　经过近一年的艰苦研发，到 1983 年底，麦金塔电脑得以最终成型。乔布斯随即便将麦金塔电脑投入了生产。为此，乔布斯专门引进了一条自动化生产线，公司所有员工都取消了假期，为麦金塔的面世全力以赴。

　　经过一番紧锣密鼓的准备，麦金塔电脑最终于 1984 年 1 月 24 日正式面世了。麦金塔电脑的成功面世让坦迪公司陷入了困境。对此，乔布斯说："Radio Shack 已经完全出局了。他们错过了机会。该公司试图将电脑纳入他们的零售模式中。在我看来，这通常意味着在一个库存过剩的环境中销售二流或低端产品。精明的电脑买家对 Radio Shack 的产品不屑一顾。我认为他们难以重振雄风，成为主要厂商之一。"

　　从此，Radio Shack 便正式退出了 PC 市场。1995 年，Radio Shack 公司生产了最后一批电脑，随后 Radio Shack 将坦迪公司卖给了 AST 公司。Radio Shack 退回到电子元器件连锁经销领域。

　　很难想象，如果没有安迪天才般的设计，被乔布斯寄予厚望的麦金塔电脑会不会具有如此强大的竞争力!时至今日,没人否认乔布斯是一个天才,它在很多人眼里永远是一个光芒万丈的形象,然而如果没有安迪这样的天才为乔布斯效力,也许乔布斯就不会如此耀眼。

第三节　乔纳森·艾维

天才的乔布斯对于苹果公司的影响是巨大的、不可磨灭的。在他的手里,苹果公司从一个名不见经传的小公司成长为了当今世界 IT 界的巨擘。可以说,乔布斯对于苹果公司所做的贡献是无人能及的。

但是有人会问,乔布斯虽然是一个不可多得的天才,但如果仅凭乔布斯自己的能力,苹果公司会有今天吗?答案自然是否定的。其实在苹果产品成功的背后,是天才的设计团队。

在这支天才的设计团队里,有一个人占据着举足轻重的地位,如果没有他,也许苹果公司就不会有那么多引领时尚潮流的产品。此人就是苹果的首席设计总监乔纳森·艾维。曾有人把乔纳森·艾维称为是"苹果产品的灵魂",这样的评价实不为过。

2007 年,英国最具影响力、最古老的自传年鉴《名人录》将乔纳森·艾维列入名单。因为在他们看来,艾维仅靠一款设计,就扭转了整个苹果公司日渐衰退的境况。

现在我们就来细数一下艾维所创造的众多明星产品。

1998 年,艾维设计出了苹果公司第一台 iMac。随后他又相继设计出了 iPod、iPhone 和 iPad 等产品。这些产品外形美观、个性鲜明,一度帮助苹果成功扭转颓势，营业额超越了谷歌和微软，一跃而成为了世界第一大企业。

"精益求精"是艾维最崇尚的一种设计理念。他对于自己负责的每一项设计都力求做到完美无瑕。当年为了设计出世界上最轻薄的笔记本电脑，他苦思冥想，最终竟不远万里跑去日本专门拜访一位铸剑大师，向其学习，从中寻找灵感。

可以说，如果没有艾维，就没有苹果那些让人拍手叫绝的明星产品。对苹果来说，艾维就是一个无价之宝。

苹果的前工业设计主管罗伯特·布伦纳说，"我经常开玩笑说，我的墓志铭应当是'雇用乔纳森·艾维的那位'。艾维是个全方位的设计师，从大局、细节、材料、加工到批量生产都在他的掌控之中。"

有人还称艾维是工程师中的"炼金术师"，说只要是他能够想到的，就一定能变成成品。

和苹果很多其他高层不同，艾维不是土生土长的美国人，他的家乡在英国伦敦。艾维的设计天赋在他很小的时候就显现出来了。小时候他最喜欢做的事就是画画和拆装玩具。他常常把自己关在屋子里搞他的小研究。在他十三四岁时，他就立志要当一名出色的设计师。

1985 年，艾维高中毕业后，顺利进入纽卡斯尔艺术学校学习设计。对于艾维来说，能够做自己喜欢的事是世界上最幸福的事。他已经把设计当成了自己生活的全部。从发梳、陶器到电动工具和电视机、电话机，在学校时，艾维设计过的东西无可胜数，让人惊奇的是，他的每一项设计都造型新颖、充满情趣，让人爱不释手。

据说艾维曾设计了一支在顶端安有圆球和夹子的笔，这种附加装置的初衷，仅仅是为了给使用者在枯燥的书写过程中提供消遣。没料到，这一设计广受欢迎，人们惊呼一支笔原来也能这么有趣，拿起它就会不停地想玩。正是在无数次的设计实践中，艾维渐渐形成了自己的设计理念，即产品必须具备能释放人们潜在情感的东西，才能被广大消费者所喜爱。

艾维的成绩在学校里一直名列前茅，临到毕业时，他已经两次获得了英国皇家艺术学会颁发的学生设计大奖。这一成就使得艾维成为了英国设计圈里的传奇人物，每当提起他时，人们都会情不自禁地竖起大拇指。

艾维大学毕业后的第一份工作是在伦敦的一家卫浴公司工作。不过艾维在这里工作得并不愉快。1993年，在乔布斯的邀请下，年仅26岁的艾维加入了苹果公司。其时没有人会料到这个年纪轻轻的小伙子将来会成为帮助苹果的电脑步入时尚时代的关键人物。

艾维在进入苹果时，苹果正处于低谷期，其所推出的产品常常会遭到用户的指责。艾维为此深感焦虑，一度想到了辞职。不过当他听了同事的一句话时，他决定留下来。这位同事对他说："当你听到无数的指责、批评甚至是谩骂时，不要沮丧，至少人们还愿意评论你，这总比谁都不理咱要强。"

1996年，乔布斯重新回到了苹果公司，对于艾维的设计能力，乔布斯始终欣赏有加。在乔布斯的重用下，艾维终于结束了郁郁不得志的郁闷时期，开始大显身手了。

所有了解乔布斯的人都知道他是业界有名的完美主义者，有人曾说他是魔鬼。对于设计师的要求已经到了极度苛刻的地步，苹果公司的很多设计师都曾遭到过乔布斯的怒骂，还有很多人甚至被乔布斯扫地出门。艾维就不一样了，他在乔布斯眼里是一个名副其实的设计天才，深得乔布斯信赖。而每次艾维都能出色地完成任务，两人合作得可谓是天衣无缝。

通常是乔布斯负责拟定设计方向，而艾维则负责将之付诸实施。在他俩的通力合作下，苹果公司推出了很多富有独特个性的产品。作为一名出色的设计师，艾维对设计有着自己独到的见解，他说："好的设计由用途、外观和内在诉求三个要素组成。最重要的就是它的内在诉求，即产品的特色和它带给用户的使用感觉。"

一次，《时代》杂志采访艾维，在采访中，艾维特别提到："设计一台与众不同的计算机很简单，难的是如何让使用者感到贴心好用。"

正是在这种理念的驱使下，一款款充满情趣和乐趣的"苹果"从艾维的手中诞生。

从90年代末水果颜色系列的iMac，到今天迷你型的音乐播放器iPod以及新鲜出炉的iPhone手机，艾维不仅拯救了那只濒临腐烂的"苹果"，而且直到今天还让它散发出最新鲜诱人的香味。

对待工作，艾维对自己有着异常严酷的要求。"苹果"的很多产品都是艾维和他的设计团队窝在工作室狭小的厨房里，吃着比萨饼时构想出来的。有时为了赶工，艾维常常一周工作超过70个小时。

第一代iMac是最让艾维感到自豪的设计。当时，为了让机壳设计多姿多彩而又不看似廉价，艾维竟大胆使用了塑料，并亲自带着团队进入糖果工厂，实地学习如何制作漂亮的果冻。

艾维的努力没有白费，自第一代iMac推出后，全世界都开始关注塑料外壳的IT产品设计。之后，艾维感觉还需要打破旧思维，使电脑活起来。于是他将电脑的各个部分简化，并在向日葵的启发下，有了让电脑和向日葵一样随意转动的灵感。就这样，新一代iMac桌面电脑就是这样诞

15

生的。

艾维对于自己的设计预期要远远高于其他公司的设计师。在他看来，苹果产品不仅要追求高科技含量，对于外形也要有所要求。所以他每次在设计产品时，都会把产品当成是一件艺术品来做。这种超越机器本身的品牌价值成为一种精神象征，甚至被称为"品牌宗教"，深刻影响着认同并信仰其理念的"果粉"的衣着打扮、生活方式、价值观。

2005 年，艾维被英国女王授予"最优秀不列颠帝国勋章司令官"(该荣誉级别，是英国五个骑士级别中第三个最高级别，由英国国王乔治五世在1917 年创立)。

2007 年初，在苹果为 iPhone 举行的盛大发布会上，老板乔布斯拿着iPhone 拨出的第一个电话，就是打给台下这位最出色的设计师。可以说，苹果公司每个大卖的苹果产品背后都有艾维的影子。

第四节　荣·约翰逊

在乔布斯的带领下，苹果公司历经几十年的发展，最终凭借 iPad 和iPhone 等高科技产品从一个名不见经传的小公司一举成为了当今世界上最有价值的高科技公司。这样的成就着实令全世界同行感到惊讶不已。然而更让人惊讶的是，毫无科技含量的实体零售店竟然是其走向巅峰的有力推手。

这些如今享誉全球的苹果店的幕后操作者便是被称为"苹果零售店之父"的荣·约翰逊。约翰逊是在 2000 年加盟苹果公司的，在此之前，他在美国著名的超市连锁商 Target 担任营销副总裁。加盟苹果公司后，乔布斯让其担任苹果零售高级副总裁一职，负责苹果的零售战略。

精明的乔布斯之所以选择荣·约翰逊是有理由的。约翰逊毕业于哈弗商学院，有着多年从事零售工作的经验，深谙商场中的各种规则。同时虽然出身于学院派，但他却并不刻板，他头脑活跃，思路清晰，极富创造力，而且对待工作认真，做事果断，非常关注美学、设计和质量问题。对于这个能力充沛的副总裁，乔布斯一直信任有加。而约翰逊在供职苹果公司长达11 年的时间里，也用他的出色的业绩向乔布斯，更是向苹果公司交出了一份满意的答卷。

几乎所有喜欢苹果的人都对苹果公司的任何一款产品赞赏有加。多年来，苹果的产品，尤其是那几款明星产品更是深受全世界果粉的追捧和喜爱。这些产品极大地改变了人们的生活和娱乐方式。随着这些产品不断地渗透到全世界各个角落，它们还会在受到广大消费者喜爱的同时，继续在人们生活中扮演重要的角色。

苹果公司的总部位于美国的库比蒂诺。对于很多美国境外的消费者来说，能够在第一时间买到苹果产品实属不易。于是如何让苹果的产品用最短的时间推向世界各地就成了苹果高层一直在思考的问题。而身为公司的大当家的，乔布斯更是为此大伤脑筋。

然而随着约翰逊的到来，这个困扰着苹果高层的问题终于找到了解决方案。

一项擅长做零售业务的约翰逊刚一上任就对乔布斯提出了建立苹果零售店的想法。对此约翰逊信心十足。然而当他把这个想法公之于众时，却遭到了很多的嘲笑。很多认为在这样一个电子商务已经十分发达的时代，竟然搞零售店，实在是一个老掉牙的想法。面对众多质疑，约翰逊并没有退缩。凭借多年从事零售店业务的经验，约翰逊清楚地意识到零售店对于苹果产品走出美国，走向世界将会起到多么大的作用。他认为只有在全世界范围内开设大量的零售店，才能让美国之外的消费者得以近距离地感受苹果的产品，进而才能激发消费者的购买欲望。

幸运的是，约翰逊的想法得到了乔布斯的认可。随即，约翰逊便带领着自己的团队展开了旷日持久的调查和研究。经过整整一年的精心准备之后，苹果的第一家零售店最终于2001年5月19日在美国弗吉尼亚州的泰森角和加州格伦代尔正式挂牌营业了。

自从诞生以来，苹果零售店一直是购买苹果产品、享受苹果服务的绝佳场所。截止到2012年，苹果公司已经全世界范围内开设了370多家。多年来，这些零售店获得了巨大成功，为苹果公司做出了巨大贡献。

据相关资料统计，苹果零售店平均每平方英尺每年创收5600美元，每周吸引2万客流，是全球盈利能力最强的零售店。可以说，这些分布在世界各地的零售店已经成为了苹果公司名副其实的"吸金利器"。

虽然说零售店已经逐渐被网购所取代，但是苹果零售店却用辉煌的业绩向世人展示着自己的非同寻常。从苹果零售店独特的设计，到热情并且对苹果产品了解甚深的零售店员工，苹果零售店总能为全世界的果粉们带去独一无二的购物体验。

有人把约翰逊称为零售行业的天才，也有人称其为是苹果零售店模式的奠基人。这样的赞誉实不为过。在经营苹果零售店长达十一年的过程中，可以说约翰逊为苹果零售店倾注了大量心血。当我们都在为风光无限的乔布斯呐喊助威时，我们也不应该忘记约翰逊的功劳。没有他，也许就不会有苹果的零售店，没有这些零售店，也许苹果的产品就不会被全世界广大消费者所认可。

苹果零售店之所以会取得如此巨大的成功，其依靠的就是约翰逊和他所领导的团队所做出的巨大的努力。

约翰逊在刚刚接任零售副总裁时，就提出了一个与众不同的理念，即苹果所打造的零售店绝不会像销售机器一样说服消费者购物，而是要让苹果的产品自我推销。

为了给顾客打造一种卓越的消费体验，约翰逊和他的团队做了大量的工作，其中包括店面的选址、建筑的设计、店内设计、员工的培训等等。

苹果零售店的每一次选址都是经过精心策划和调研的。为了最大限度地吸引客流，约翰逊不惜重金租用当地的高端综合商场，而放弃独立的路边商店。

苹果零售店不仅选址是经过精心选择的，其建筑风格也相当独特。其中位于美国纽约第五大道的零售店极具现代风格，设计大胆而前卫，已经成了纽约第五大道的地标。

这些独特的、充满想象力的建筑深深吸引着全世界很多专卖店的眼球，更是有多店铺纷纷效仿之，一时间世界各地纷纷涌现了很多苹果零售店的"山寨版"。

2011年的9月，苹果公司为了防止被仿冒，向中国专利局申请了40多项专利，其中一项就是关于零售店整体设计的专利。

自2001年苹果首家零售店开业以来，一直吸引着数以千万计的顾客前往世界各地的苹果零售店购买或是体验商品。除了那些炙手可热的明星产品外，给顾客留下深刻印象的就是苹果零售店独具特色的内部设计，其充满个性的独特设计一度被称为是现代设计的典范。在约翰逊看来，苹果零售店要想尽可能多地吸引顾客，除了推出优秀的产品外，其内部设计也是一个不可或缺的重要因素。

对此，约翰逊曾不止一次地对人这样解释："如果把苹果产品放在一个毫无特点、普普通通的街边摊出售的话，一定不会吸引顾客前来购买，人家很可能以为这是冒牌货。"一直以来，约翰逊对于苹果零售店的内部设计秉持着一个理念，那就是创新和简约。在全球众多苹果零售店中，有九家店代表着这一特色，它们为消费者在购物时提供了美妙的视觉体验。

于 2010 年开业的苹果巴黎歌剧院零售店摒弃了传统的设计风格，而更多地保留了歌剧院历史建筑的痕迹，零售店的大门沿用的是歌剧院原本的圆拱门。全玻璃天窗则是这家零售店最让人眼前一亮的特点。

法国普罗旺斯苹果零售店则被法国 AixEnProvence.fr 杂志成为是最不寻常、最惊人的苹果商店。该商店几乎将采用全部玻璃设计，坐落在由石头铺成的宽阔广场上，零售店的后墙为黄褐色，其余墙面则是由玻璃组成。

英国伦敦考文特花园店则位于一栋建于 19 世纪 70 年代的建筑中。这家店是一个同时拥有传统英式建筑风格和塑料铝合金镶边的跨时代组合。在全球所有苹果零售店中独树一帜。

而 2011 年新开张的纽约中央车站店是目前为止全球最大的零售店。这个零售店的设计风格以简约低调著称，其标志性摆放电脑的木桌在车站穹顶和灯光的映衬下显得格外特别。

这些独具特色的零售店处处渗透着约翰逊的心血，可以称得上是他为苹果公司贡献的杰作。

在约翰逊看来,苹果店的成功多半要取决于其员工的表现。因为员工是和顾客接触最频繁,和顾客最密切的一群人。他们的表现直接影响着顾客的消费体验。所以多年从事零售店管理的约翰逊在一开始就十分注重对员工的管理。为了打造一支强大的、表现力极佳的员工团队,约翰逊制定了一系列切实可行的措施。

所有去过苹果零售店的顾客都会对里边的"天才吧"印象深刻,这个充满创造性的概念就出自约翰逊之手。

约翰逊在最初实施零售店战略时,就明确提出了一个理念,即苹果零售店只有一个最重要的目标,那就是要为用户提供与传统电脑行业的体验截然不同的消费体验。在进行市场调查时,约翰逊发现很多消费者都对酒店的服务台很有好感,受此启发,他便提出了"天才吧"概念。

在"天才吧",无论顾客是在哪里购买的产品,苹果的客服人员都会为顾客免费提供服务,他们不仅会修复一些与苹果无关的软件问题,甚至会帮用户完成一些与技术支持无关的要求。只有过了保质期的商品才会收费,而且这个费用店员还有权力决定是否免去。

为了进一步提高员工的服务能力,约翰逊还专门设计一本员工培训手册,要求所有天才吧的服务人员都必须严格遵守,切实落实。

这本手册的内容已经到了事无巨细的地步,上至如何从顾客表情判断出顾客心理,下至哪些词是绝对不允许使用的都一一记录在册。此外,还包括很多"可以做""不能做"的注意事项。准确地说,这本手册就是一本关于顾客心理、安慰术、激励术、矛盾处理术的宝典大全。

手册规定,任何想要进入"天才吧"工作的人都必须要接受一个为时两周的"天才训练营训练"。在训练营内,新职员要接受大量严格的考验,比如如何"诊断设备的使用"、如何处理"组件绝缘"和"同理心的神奇力量"等等。所有接受此项训练的人,只有在技术上和心理学上达到标准之后,才有资格进入天才吧工作。

约翰逊十分注重对员工进行心理培训,他认为苹果店员工的一大职责就是要让每一个进入店里的顾客都过得开心,只有这样,才能最终打动顾客购买产品。

约翰逊一直倡导主导销售的理念。为此,他详细地列出了一系列员工在销售过程中的职责。他将其总结为了5个关键词:接触、了解情况、展示、倾听以及完成销售。简单地说,"天才吧"员工的职责就是通过沟通让顾客打开心扉,说出内心的需求,从而把适合顾客的产品和服务推介出去,对此再继续倾听顾客的反馈,直到顾客决定购买。

在这本手册的其中一页里,有一行用黑体加粗的字这样写着:"同理心是让顾客感到你能体会他们内心的感受。"这也是约翰逊培训员工的一个重要方面。手册中明确规定,当员工遭到顾客抱怨时,切不可直接地表示歉意,而是要说:"你的遭遇真是太不幸了","你现在心里不好过我很明白,对此我也很不好受"等等标准答案。

此外,约翰逊还要求员工必须要学会察言观色。在手册的其中一页,详尽记载着每一个语言动作所代表的用户心理。员工和顾客进行交流时,必须要时刻观察顾客的表情变化,进而洞察他们的内心感受,然后"对症下药"。此外,这些信息还能帮助员工们在交流时保持优雅的个人姿态,打造一个良好的沟通氛围。

不得不说约翰逊是伟大的,他用这些近乎苛刻的要求,为苹果公司打造了一支庞大的、战斗力极强的销售人员队伍。在这些优秀员工的努力下,苹果的零售店最终成为了全美单位面积销售额最高的零售企业。

外国媒体 Online MBA 曾绘制过一份图表,这份图表清楚地展示出苹果零售店的相关信息。其中值得注意的是:在 2009 年,若想在曼哈顿苹果零售店获得一份工作,比考入哈佛大学还难。当时的雇用比率仅有 2%,因为苹果希望能在这些应聘者中挑出精英中的精英。据统计,2011 年,苹果零售店员工的平均销售业绩是其三大竞争者（BestBuy、Costco 和 GameStop）零售店员工的两倍之多。

除此之外,约翰逊还为苹果店制定了一系列其他措施,比如:

1. 所有笔记本电脑的屏幕必须在开门前以相同角度打开。这一方面是出于美观考虑,但主要目的还是为了吸引用户亲手触摸笔记本。这个角度可以吸引用户调节屏幕,适应自己的高度。苹果员工使用一款 iPhone 应用来统一所有屏幕的打开角度相同。

2. 顾客可以无限时把玩设备。苹果会专门嘱咐员工,不要对顾客施压,迫使他们离开,目的是培养客户的"拥有体验"。

3. 电脑和 iPad 都必须安装最新、最流行的应用。苹果零售店的电脑都会配备一系列热门应用, 与之相比, 百思买的电脑屏幕都处于关闭状态。除此之外,苹果零售店内的所有设备都可以接入高速互联网。

可以说,在约翰逊的领导下,苹果店并不只是一个零售场所,而是一个用户体验苹果产品魅力的地方。

2004 年,约翰逊在一次会议上说:"我们开店不是推销产品,而是推销用户体验,从而让零售店具有更多意义。"

更值得一提的是,约翰逊还要求苹果店要定期举行一些有趣的活动,来吸引顾客。比如,专门为儿童举行的日间夏令营、团体和一对一的培训活动、现场音乐会、开学前夜的晚会以及各行各业的创意人士进行的演讲。对此,约翰逊曾说:"苹果零售店内的氛围诱人、亲切、温暖、有互动性而且很智能。"

苹果 2012 财年第二财季零售店营收为 44 亿美元,同比增长 38%。作为对比,美国零售业的平均同比增长率只有 2%。

可以说,约翰逊用他的业绩向世人证明了他"苹果零售店之父"的名号并非浪得虚名。他是苹果公司当之无愧的功臣。

第五节　彼得·奥本海默

毋庸置疑,苹果公司是一个人才济济的地方。在那里工作的每一个人都可以说是他那个工作领域内的佼佼者。

彼得·奥本海默是苹果公司的大管家,多年以来,他一直担负着管理苹果财务、投资者关系、税务、信息系统、内部审计、企业发展以及人力资源等诸多方面工作的重任。

对于苹果公司这样一个国际高科技企业巨头来说,它的稳步发展既需要像乔布斯那样善于竞争、活力四射、激情满怀的开拓者,同时也需要有一些谨慎小心、做事沉稳的人来负责公司的日常运转。奥本海默就是这样一个人。

对于那些不大了解苹果公司的人来说,他们也许只知道那个风光无限、魅力四射的乔布斯,却鲜有人知道奥本海默。这一方面是由于性格的缘故,另一方面也和他的工作性质有关。

和乔布斯比起来，奥本海默性格相对腼腆，行事十分低调，很少在公众场合露面。虽然如此，但他对苹果公司却是十分重要的，正是由于他出色的工作，才使得苹果公司打造出了一个强大的团队，从而为产品研发和业务运营提供了坚实的保障。

谁都知道苹果公司是一个不缺钱的公司，经过十几年狂飙式的发展之后，如今的苹果公司已经成了一个坐拥几千亿美元资产的高科技巨擘。然而，我们需要注意的是一个问题就是，钱多了有时也未必是好事。身为公司的管理者如果不懂得合理使用这些巨额资金的话，也会给公司带来灾难性的后果。在这一点上，身为苹果公司财务大管家的奥本海默也看得十分清楚。

从近来年的众多反映苹果公司的财务指标中可以看出，苹果公司的财务效率极高，其对轻资产的管理模式也十分有效。

虽然苹果已经是标普 500 企业中市值最高的，如果排除收购，2011年它的增长速度仍然是最快的。

在投资这一块，苹果公司向来显得有些消极，甚至是落后，这跟奥本海默的观念有关。在他看来，苹果公司自身的产品已经在市场上处于领先地位，这种领先地位使得苹果公司具有着明显的优势。正因为是这样，所以苹果公司根本没有必要像很多企业那样进行大力投资。

据统计，在 2011 年一年的时间里，苹果的运营利润增长了 84%，而其资本开支却一再下滑。

由于苹果财务管理效率高，从而使得它在业务上的资本投资是负增长的。也就是说，苹果从产品中获得的增长比投资获得的多。

现金在流出之前就流进这是很多企业做梦都想要的，然而却并不是每一个企业都能做到的。但苹果公司就做到了,原因就在于它的财务管理效率高。正是由于这一点,使得苹果公司在和各个供应商谈判时,始终占据着巨大优势。据统计,在 2011 财年,苹果直到开发票后 83 天才付给供应商钱。另外,苹果获得消费者付款的速度更快,平均只有 18 天。2011 年苹果只为 4 天的库存付款,2010 年 10 天。

除了要考虑公司的资金问题之外,奥本海默还要考虑苹果公司和投资者之间的关系。

对于任何一个上市公司来说,要想获得长远的发展,就必须要依靠投资者的投资。哪怕是像苹果这样实力雄厚的公司也不能例外。

和很多公司不同的是,苹果公司在乔布斯执掌的十几年间,始终不肯向投资者派发股息。这让很多投资者感到无法理解。时至今日,当苹果公司已经彻底成为了世界顶级的科技巨头之时,其巨大的资金储备使得越来越多的投资者开始提出了派发股息的要求。身为公司的财务官,奥本海默不得不仔细考虑这一问题。

他认为如今的投资环境已经和十几年前大为不同。在这种情况苹果公司就应该适当地调整政策,才能和投资者继续保持良好的关系。

于是,在他的建议下,苹果公司最终于 2012 年 3 月 20 日正式宣布,将于该财年开始向股东派息,每股发放季度派息 2.65 美元。这是自 1995 年以来苹果首次派发股息。同时,苹果公司董事会还批准了一项回购 100 亿美元公司股票计划,这项计划从 2013 财年开始,用三年时间完成。业内表示,通过派息和股票回购的方式,苹果将在未来三年内以上述两种方式向股东返还 450 亿美元资金。

对于一个巨型企业来说,由于其自身超强的盈利能力,所以如果按照税法的规定,公司每年都必须要支付巨额的税金。对于苹果公司来说,这是一个不可回避的现实问题。那么,苹果公司真的甘心每年把大笔的钱乖乖地交给税务部门吗?当然不是,在合法避税这一点上,苹果公司做得十分聪明。其幕后的指使者就是财务大管家奥本海默。

下面我们就来看看,苹果公司是如何合法避税的。

众所周知,苹果公司的总部位于加州的库比提诺。但令人奇怪的是,苹果公司很多分支机构却选在了内华达州的雷诺市。他们在雷诺市设立了一个小小的办公室,只派几个员工在那里工作。而更让人奇怪的是,苹果公司的售后服务中心、各种生产基地却也不在雷诺市,而是在距离雷诺市很远的地方。这是因为加州的企业所得税税率8.84%,而内华达州则是零。

这样的安排使苹果公司实现了企业战略当中的一个核心目标:躲掉了加州和其他20个州课征的成百上千万美元税赋。每年,为了回避来自世界各地的税单,奥本海默和他的团队想了很多可行而又合法的方法。通过这些方法,帮助苹果公司成功避税数十亿美元之巨。

除了内华达之外,苹果公司还在爱尔兰、荷兰、卢森堡等低税收地区也设立了分支机构。其中一些机构,听上去似乎规模很大,其实不过是一个信箱或是一间匿名的办公室而已。目的只有一个,那就是减少公司在世界各地的税负。

可以说,在重塑多种产业、刺激经济增长、满足顾客胃口的同时,奥本海默为公司制定了很多钻税收制度空子的妙招。

比如,苹果公司为他们的海外销售人员专门创制了特殊称谓,允许他们代表位于其他大洲的低税负分支机构销售产品;还通过爱尔兰和荷兰的分支机构把利润转入加勒比海地区,这就是著名的"爱尔兰面包片荷兰夹心三明治"会计手段。此后,这种手段也相继被很多公司采用。

这些策略都非常有效,据美国前财政部某经济学家称:"这些策略帮助苹果公司至少减少了24亿美元的联邦税款。对此,该经济学家还做了一个对此,作为国际零售业的巨头——沃尔玛公司在同年就缴纳了59亿美元的现金税费,税率高达24%。

而美国的国内税单更是让人瞠目。我们都知道苹果公司的总部在美国,而公司的绝大部分利润,至少是账面利润则来自国外。然而,我们也知道,苹果公司虽然把大部分的制造和组装业务包给了海外公司,但公司大多数的管理人员、产品设计师、营销人员、普通员工、研发部门和零售店却依旧在美国。那么也就是说,苹果公司的绝大部分利润也应该来自美国国内才是。美国税收制度的基础理念是,企业的收入是在创造价值的地点"赚得"的,并不是来自销出产品的地点。然而,为了规避这一点,苹果公司的会计师找到了很多方法,可以将大约70%的利润转移到税率通常比美国低得多的海外地区。

早在2006年,苹果公司就在雷诺市设立了一个名为Braeburn Capital的子公司,这个公司一个最大的作用就是帮助苹果公司管理和投放公司的现金。

这个公司的办公室看上去十分普通,里边仅仅张贴着几张iPod海报以及几张桌子和电脑。然而就是这么一个看上去简陋至极的公司,却承担了很多重要工作。每当有人购买了苹果产品时,其中一部分的销售利润就会被存入Braeburn公司的账户,然后又会被投放到股票、债券等理财产品当中。当投资得利之后,该公司的一部分利润则可以不受加州税政当局的监管,因为 Braeburn 是一家内华达公司。

该公司自设立以来,已经帮助苹果公司从全球的现金储蓄和投资当中获得了超过 25 亿美元的利息和股息收益。而假设如果 Braeburn 公司设在苹果的总部库比提诺的话,苹果公司就不得不为一部分的国内收益缴纳加州企业所得税,税率为 8.84%。

另外,这个公司还为苹果公司在其他州消减了税额。比如在佛罗里达、新泽西和新墨西哥,这些州有减税政策,所以很适合一些公司在此进行财务管理。聪明的奥本海默当然不会放过这个机会。

奥本海默不仅在美国国内成功地规避了沉重的赋税,他还为苹果公司制定了全球税务战略。

除了在内达华州设立雷诺子公司之外,苹果公司还在国外设立了很多子公司。通过这些子公司,苹果公司可以将公司的销售及专利使用费收入转入其他国家,这样就能为公司减少美国及他国政府的课税额。

比如苹果公司在卢森堡就设立了一家名为 iTunes 公司的子公司。这个公司规模很小,只有几十名员工。而公司存在的外部证据就是一个简单的信箱而已。

奥本海默为什么选择卢森堡作为子公司的设立地呢?这是因为卢森堡政府对苹果公司等高科技实施低税政策,条件则是只要这些公司把相关的交易转移到卢森堡就行。如此以来,一旦来自欧洲、非洲或者中国的顾客下载了歌曲、电视节目或者应用软件,那么其相关的销售收入就会被记在这个小国名下。据统计,iTunes 公司 2011 年的销售收入超过 10 亿美元,大致相当于 iTunes 全球销售额的 20%。如此一来,那些本应属于英国、法国、美国以及其他数十个国家的税收就在被打了折扣之后便流入了卢森堡。

那么上面所说的"爱尔兰面包片"是怎么回事呢?简单地说,"爱尔兰面包片"是苹果公司的一种税务架构。

用奥本海默的话说:"这是苹果公司成功避税的天堂,有了这种架构,公司就可以把利润转移到世界各地。

上个世纪80年代晚期,苹果公司在爱尔兰分别建立了"苹果运营国际公司"和"苹果销售国际公司"两家子公司,之后又在科克市建了一座工厂。当时,苹果公司和爱尔兰政府达成协议,苹果公司要为当地人提供工作机会,而爱尔兰政府则为苹果公司提供税收减免政策。

这个公司的设立对于苹果公司来说,可谓是好处多多,其中一个最大的好处就是苹果公司可以把加州研发的专利带来的使用费转到爱尔兰。表面上,这只是一个公司内部资金的转移,其实,它却使得苹果公司一部分利润逃过了高达35%的美国法定税率,转而按12.5%左右的爱尔兰税率上税。

而"苹果销售公司"则帮助苹果公司把其他一些利润转进了加勒比地区的一些零税负公司。英属维尔京群岛被很多人成为是"避税天堂",于是,苹果公司就把两家爱尔兰子公司的部分所有权交给了岛上的鲍德温控股无限公司。鲍德温控股公司没有登记在册的办公地点和电话号码,登记在册的唯一一名管理人员是苹果的首席财务官彼得·奥本海默,而奥本海默居住和工作的地点都是库比提诺。

而由于爱尔兰与欧洲各国签有协议,苹果公司还可以在不缴纳任何税费的情况下,取道荷兰——也就是所谓的"荷兰夹心"——将部分利润转往他处。如此一来,税政当局就根本无法查明苹果公司在此地的利润。

有人曾评价这个架构说："这是一个全欧洲最昭然若揭的秘密。"

奥本海默对于苹果公司的贡献是有目共睹的。从 1996 年加盟苹果，截止到 2012 年，在这 16 年的时间里，奥本海默为苹果的发展呕心沥血、鞠躬尽瘁，陪伴着苹果从一家濒临破产的公司最终成为全球市值最大的科技巨头。

他的低调沉稳使得乔布斯对其信任有加，他是苹果的后方保障，正是有了他的存在，苹果公司才能始终保持着稳定的发展。

第六节　菲尔·席勒

乔布斯的成功是有目共睹的，但他的成功绝不是他一个人的成功。就拿苹果公司所生产的每一款产品来说，这些产品之所以能够名扬海内外，被全世界数以千万计的果粉狂热追捧，跟苹果公司成功的营销策略有着根本的联系。可以说，如果没有这些有效的营销策略，苹果品牌在全世界范围内的影响一定会大打折扣。

身为苹果全球产品营销高级副总裁的菲尔·席勒正是苹果产品营销策略的幕后推手。席勒是在 1997 年跟随乔布斯重返苹果公司的，迄今为止，他已经在苹果公司工作了整整 18 年。产品营销和管理是席勒的主要工作。苹果产品的推广、营销、广告都由他策划完成，在此期间，他带领他的团队打造了一系列深入人心的广告，例如 iMac、Macbook、Airport、Xserve、MacOSX、Safari、AppleTV、iPod 以及 iPhone 等。这些个性鲜明的广告无疑为苹果公司的产品遍布世界各国，被各国果粉接受，起到了直接的推动作用。

苹果公司的每一次产品发布会都是在席勒的精心安排下举行的。可以说，苹果产品能够在全球热卖，出色的广告营销活动绝对是重要推动力。可以说，席勒是苹果营销成功的保证。

苹果的各种产品之所以能风行世界各地，受到全世界广大"果迷"的热捧，而连连创下销售纪录，这跟一个人有着密切的关系，此人就是苹果公司的营销大师——菲尔·席勒。有人把席勒称为是"维系苹果品牌的坚强后盾"。

乔布斯在世时，苹果的每一次新品发布会都由乔布斯亲自上阵，但事实上，基本上每一场发布会都不是乔布斯一个人的独角戏，他背后总是站着身为苹果产品营销高级副总裁的菲尔·席勒。

在舞台之下，席勒是乔布斯最信任的管理者之一。他的工作有很多，比如要协助乔布斯界定目标市场、决定技术规格、设定价格标准等等。很多时候，他的一些建议对于苹果公司来说甚至起到巨大的推动作用。

比如，他曾向 iPod 的设计团队提出了转轮式的按键设计，也曾从反对声中极力维护 iPad 的创意。事实证明，席勒的建议是正确的。正如一个了解席勒的分析师所说："菲尔的身份虽然是市场营销高级副总裁，但他却在广告工作之外，做了很多重要的事。"

乔布斯病逝后，席勒的重要性就更加凸显出来了。他一方面要协助软件主管和硬件负责人界定新产品，一方面还要跟应用开发商进行接触。苹果公司所有有关市场营销方面的情况他都了如指掌。

席勒在进入苹果之后，一直与乔布斯关系密切。甚至乔布斯病重时，他都陪在身边。在席勒看来，为苹果工作是他的荣幸。iPhone4 天线门事件发生时,他正在休假,当他得知此时后,他立即取消了休假,帮助乔布斯去应对众多媒体和用户的质问。2011 年,乔布斯再一次因病休假,于是席勒便每周到乔布斯的家里去和广告商谈论有关广告的事宜。

和乔布斯一样,对于推广苹果产品,席勒有着极大的热情。可以说在推广产品这块,席勒所作出的贡献是无人能及的。正是通过席勒之手,苹果不断向全球各地推出各种新产品:iMac 个人电脑、MacBook 笔记本、MacOSX 操作系统、Safari 浏览器、AppleTV 机顶盒、iPod 音乐播放器和 i-Phone 智能手机。

席勒在推广产品时,总是会想出各种招数,而且这些招数往往都会取得良好的效果。

比如,很多人都会在电影和电视节目中看到 iPad 和 MacBook 的身影。行内人都知道其实这正是苹果公司宣传产品一个最有效的方式,这个想法正是席勒的"杰作"。比如在热播剧《绯闻女孩》的大部分剧集里,主角们所使用的手机几乎都是在近几年里炙手可热的 iPhone。

席勒是个很会利用好莱坞这一优势资源的广告人。众所周知,在世界影视业里,美国的好莱坞凭借着其强大的实力一直是当之无愧的巨无霸。好莱坞的电影早已经深入到了世界的各个角落。可以说在全世界的影迷中,好莱坞的电影一直是他们心中的最爱。那种期待好莱坞新片的心情犹如饥饿至极的老鼠在等待一盒香喷喷的奶酪。

人们对于好莱坞电影的狂热启发了席勒的灵感。倘若将苹果的产品植入到好莱坞的电影中,那么苹果的产品就会通过各种电影被全世界的影迷所知晓。

而更让人吃惊的是,席勒把苹果产品植入好莱坞电影中,苹果公司并没有为此花一分钱。一直以来，苹果始终在强化它对好莱坞微妙而有力的控制。

2012年，据尼尔森公司提供的数据显示，在整个2011年中，苹果公司产品在电视上出现了891次，与2009年的613次相比有大幅提升。品牌咨询公司Brandchannel的数据则显示，2011年曾排在每周票房排行榜上的电影中，有40%曾出现苹果公司的产品。这一数字是戴尔、雪佛兰、福特等好莱坞电影中其他常见品牌的两倍。

可以说席勒是这种置入式营销的有力推行者。在他看来，在如今竞争日益激烈的市场上，要想更好的宣传自己的产品，提高产品在消费者心中的影响力，就不能光在传统式广告这一棵树上吊死，而应该将注意力投向更多的地方去。当今的时代已经进入了数字时代，随着数码录像功能的逐渐普及，人们已经不再关注了那些老套的电视广告了，越来越多的人已经将注意力转移到了像Facebook这样的社交媒体上了，人们往往会通过互动来决定自己是否购买某种商品。在席勒的建议下，近年来，苹果公司大大减少了在传统广告上的支出。

1996年，好莱坞大片《碟中谍I》被搬上银幕，苹果公司的PowerMac笔记本便是该电影中的重要道具。这是苹果公司第一次利用电影为产品进行宣传。对此，席勒曾颇为自豪地说："我们省下了50万美元的制作成本，而且还让BriandePalma当了导演，让汤姆·克鲁斯拍了广告。"

席勒是个很会为公司省钱的人，其他公司要想通过好莱坞的影片进行自己的商品，常常要支付巨额的费用，但席勒做到了一分不花。著名的宝马公司一直十分注重影片宣传，和苹果产品一样，宝马车也曾出现在这部影片中，为了这个宣传，宝马公司花了很多钱。它不仅为这部电影专门花巨资定制车辆,而且还承担了汽车在一些外景拍摄地的运输费用。而有人估计,苹果产品在《碟中谍》影片中出现的 8 分钟其虽然价值高达 2300 万美元,却不曾为此多花一分钱。

不仅如此,苹果公司的产品在影片中的地位也常常会高于其他公司的产品。拿著名的惠普公司来说,虽然很多影片愿意把惠普的产品植入到影片中,但通常都会放在一些日常的场景中。

然而苹果的产品却并非如此。苹果公司的产品在电影中往往会扮演很重要的角色,甚至有时它常是人们追随的对象。

可以说,对于产品营销,席勒总是有很多好点子。也正是在他的精心策划下,苹果的众多产品已经成为了当今世界最受追捧的"明星"。

在苹果的众多产品中,iPhone 是最耀眼的一款。人们每每在谈起 iPhone 时,目光里都会充满憧憬和期待,于是很多人都会情不自禁地打开荷包。特别是在中国,人们总是以能拥有一款 iPhone 而感到自豪。

iPhone 之所以会聚集如此多的狂热的粉丝,除了其自身的独到之外,还跟它的营销策略有很大关系。而它的营销策略便是出于席勒之手。

你听过饥饿营销吗?何为饥饿营销?关于饥饿营销有这样一个寓言故事。传说,古代有一个君主,此人一生吃遍了所有山珍海味,让人不解的是,他竟然从不知道啥叫饿。为此,他自己也很纳闷,胃口越来越不好。

一天, 一个御厨对他说:"有一种天下至为美味的食物, 它的名字叫'饿',不过要想得到它十分困难,必须要付出艰辛的努力才行。"这为君主一听,兴致大发,当即就带着这个御厨出宫去寻找这个美味去了。君臣二人走了一整天,饥寒交迫之中来到了一个荒山野岭。见君主已经饿得不行了,御厨立马把事先藏在树洞中的一个馒头拿了出来,对他说:"功夫不负有心人，终于找到了，这就是叫做'饿'的食物。"

君王见有东西吃，不禁大喜过望，二话没说，当即就把这个又硬又冷的粗面馒头吞进了肚子里。而且还一边吃，一边称赞其乃世上第一美味。

所谓"饥不择食"就是这个道理。在一个饥肠辘辘的人眼里，平常最难吃，最不愿意吃的东西也会被其看成是人间美味。西方经济学者将这一现象称为是"效用理论"。效用是指消费者从所购得的商品和服务中获得的满足感。效用不同于物品的使用价值。使用价值是物品所固有的属性，由其物理或化学性质决定。而效用则是消费者的满足感，是一个心理概念，具有主观性。

席勒想必是知道这个故事的，在销售 iPhone 时，他采用的策略正是这种饥饿营销。

所谓"饥饿营销"，是指商品提供者有意调低产量，以期达到调控供求关系、制造供不应求"假象"、维持商品较高售价和利润率的目的。饥饿营销就是通过调节供求两端的量来影响终端的售价，达到加价的目的。

鉴于此，苹果公司每次在将要推出新款 iPhone 之前，都会跟广大消费者卖一个大关子，先是放出一个信号，告诉市场，苹果在不久之后将有新产品 iPhone 面世，随后便对其避而不谈，等到市场极端渴望从各种途径获得产品信息时，再对 iPhone 进行简单的介绍。

当 iPhone 正式上市之后，苹果公司就会铺天盖地地做广告，试图通过各种形形色色的途径让全世界的消费者天天看到、处处看到。这种极度的反差，让消费者犹如久旱逢甘露，突然间对 iPhone 产生了极大的兴趣与购买冲动。

也许是出于对于中国消费者心理的深度了解，席勒常常会在中国市场上运用这一策略。

当 iPhone4S 在中国市场上卖得如火如荼时,突然之间,广大消费者就会在苹果授权经销商那里看到"近期没货"字样。于是,他们就会在经销商那里体验之后,再跑去国美、苏宁等卖场以加价抢购的方式购买手机。这种"限量销售"就是饥饿营销。

可以说,从第一代 iPhone 进入中国开始,"售完!缺货!暂停零售!"这样的字眼就不绝于耳。

这样的营销策略效果十分明显,苹果的每一款 iPhone 在中国市场都出现了被消费者疯抢的局面。这当然是席勒最愿意看到的。

以 iPhone4S 为例,2011 年 10 月 14 日在美国上市后,32GB 售价为749 美元(按当时汇率约人民币 4774 元),而比美国上市时间晚了 3 个多月的中国内地市场,售价却高达 5888 元。

iPhone4S 上市首日,全国各地疯抢"苹果",北京甚至还出现黄牛打架、惊动警察的事件,苹果宣布取消该店发售。同时,由于备货在首发当天就被"一抢而空",苹果方面还宣布暂停京沪 5 家内地直营店的 iPhone4S销售。率先开售 iPhone4S 的中国联通网上营业厅继 2012 年 1 月 13 日凌晨瘫痪 40 分钟后,当天上午再度瘫痪,众多焦急购买的消费者只能望梅止渴。

对此,席勒不无自豪地时人说:"在层出不穷的消息刺激下,消费者的胃口会被越吊越高,饥饿感也会越来越强。"

席勒的第二个妙招是"体验式营销"。何为体验式营销呢?这一营销策略是由美国康奈尔大学博士伯德·施密特先生提出来的,此人一直致力于企业和品牌标识、国际营销和战略营销、产品定位和宣传方面的研究。

在施密特先生看来，随着体验式经济时代的到来，它将会对企业产生极其深远的影响，其中最显著的影响则体现在企业的营销观念上。体验式营销是站在消费者的感官、情感、思考、行动、关联五个方面，重新定义、设计营销的一种思考方式。这种思考方式彻底打破了传统"理性消费者"的假设，认为消费者在进行消费时，并非是绝对理性的。很多时候，他们会受到感情的支配。因此，企业应该把营销重点放在消费前、消费时、消费后的体验上，只要让消费时体验到某种产品的好处，消费者就会毫不犹豫的掏腰包。

　　作为苹果公司的营销大师，席勒对此深信不疑。他认为，所谓"体验"其实就是人们响应某些"刺激"。体验会涉及到顾客的感官、情感、情绪等感性因素，也会包括知识、智力、思考等理性因素，同时也可因身体的一些活动。也就是说体验通常不是自发的而是诱发的，所以，席勒在进行营销策划时，通常都十分注重提供一种顾客喜欢的体验形式，从而诱发顾客购买苹果公司的产品。

　　所以，在每次推出 iPhone 之前，席勒都会专门安排各个零售店，为广大消费者提供体验 iPhone 的机会，从而为顾客制造出一种令其难以忘怀的体验。这种体验式营销能够有效地号召顾客的情感，只要顾客能够体会到产品的优点，就不愁产品卖不出去。

　　正是在席勒多年的努力下，如今的苹果公司已经形成了一套属于自己的、特色鲜明的体验式营销策略。

　　首先是在产品感官上，苹果产品十分注重为消费者提供人性化操作的感受。这一点从苹果产品的外形设计上就能看得出来。

　　熟悉苹果产品的人都知道，苹果的每一款产品都是以简约时尚、符合现代审美观为主要设计方向的。最炙手可热的 iPhone4 就是一例。

iPhone4 有着现代感极强的流线型外观、流畅简约的设计风格。外形线条十分简单，在整个操作界面上，home 键是唯一的一个手动控制键，其余全都是触屏操作，其整个机身的外形，总是让人感觉既时尚，又很酷。无疑，这是现在很多人所追求的一种感觉。

而当用户进行具体操作时，又能体会到各种人性化的操作界面和步骤。在这一点上，苹果公司的设计者付出了巨大的努力。他们为了让用户在卸载程序时，能够感觉十分舒服，专门把画面弹出的位置设置在人眼习惯的视觉方向上；而为了为用户提供最舒服、最易操场的电子触摸屏，苹果设计者专门搜集了上万个样本进行研究。

总之，他们的宗旨只有一个，那就是要让所有用户在使用 iPhone 时，都能感受到，其操作体验带来的温暖、亲切和人情味，从而在视觉、听觉、触觉上，带给消费者一种全新的体验。

作为苹果公司最擅长营销的人，席勒认为要想赢得顾客的喜爱，产品的性能和质量自然十分重要，但如果只考虑这些还是不够的。有时候，当出售一款新产品时，还要考虑到应该以一种什么样的方式传递给顾客。鉴于此，席勒给苹果的专卖店设立了一个严格的开店原则，那就是"要把专卖店当成一项创造体验的事业来做。"因此苹果各个专卖店的工作人员要尽可能做到"顾客为了购物而来，满怀激动而去"。

为此，席勒把专卖店的理念定位于"为生活添彩"，

他要求苹果专卖店必须要把之前传统的店铺设计、选址以及员工决策权等老掉牙的观念抛掉。他认为传统的思维方式只能产生传统的想法。在店铺设计上，他力求要把店铺设计得简洁、大方。还要求所有店铺必须

要选择不锈钢、玻璃和斯堪的那维亚地板这三种材料做装饰。

在苹果众多专卖店中，于2010年7月开业的上海旗舰店完全秉承了席勒的设计理念。

店铺内光线通过透明玻璃房子直接照入地下2000平方米的店铺80台苹果电脑、100部iPod播放器和60部iPhone手机已经启动，等候顾客的体验和试用。店铺充分利用了阳光与空间，旨在给顾客打造一种开放的、自然的购物体验。

很早以前，在苹果开设第一家零售店时，曾有人质疑席勒的做法是异常愚蠢的，甚至还有些零售业专家也纷纷向席勒扔板砖，说不过两年时间，苹果公司就会品尝到开零售店的失败滋味。席勒天生就不是一个容易退缩的人，无论别人怎么说，他始终坚持自己的想法。事实证明他是对的。几年后的苹果财报上曾这样显示：来自208家苹果直营店的营业收入增长了74%，从此以后，苹果公司每年销售额的四分之一都来自苹果直营店。

你有没有听说过"关联体验"这个词？所谓"关联体验"，是营销策略的一种，它所追求的其实就是一种多元化的价值依附。在苹果产品营销中，席勒也引入了这一理念。席勒认为，所谓产品"关联"，其实就是要弄清产品的价值属性，很多时候，产品不仅仅是一种产品，它常常会和其他文化元素、社会元素形成某种"关联"。

在席勒看来，苹果公司在策划营销时，不应仅仅考虑到它只是一个时尚电子产品，而是应该意识到苹果关联还能延伸到更广阔的领域，例如慈善、宗教等等。

早在2009年的3月，一家名为Tonic的网站发起了一项公益事业，从 3~8 月每周推出 1~5 个由明星亲笔签名的,包含明星最爱的音乐播放列表的 iPod,拍卖善款全部捐献给慈善组织。据统计,超过 70 个一线明星参与了这个活动,包括美国前总统克林顿、摇滚歌星、超级模特,甚至有"股神"巴菲特。2009 年 3 月,苹果推出了以英国著名歌手埃尔顿·约翰命名的特别限量版 iPod,为 Elton John 艾滋病基金会募集资金。2009 年 4 月 1 日,奥巴马出席了英国女王伊丽莎白二世为参加 20 国集团金融峰会的各国领导人举行的招待会,并把一个存有女王 2007 年访美照片和录像的 iPod 送给了女王。

这些活动都是由席勒一手策划的。席勒为什么会这样做呢?他的出发点就是要通过这些品牌传播活动,有意识地把苹果的产品同更加多元、价值含量更高的元素关联起来,使这些文化价值、时尚价值附着于苹果产品之上。如此一来,苹果产品的品牌内涵和品牌价值就大大增加了,这将十分有利于苹果产品提高其品牌形象,使苹果品牌在消费者心中成为标示身份、触动心灵的高端品牌。

体验式营销的另一个表现便是思考体验。对于这一点,席勒是这样解释的:"所谓思考体验就会要引起顾客思考的乐趣,这样会大大增加顾客的'参与感',会让顾客有一种'我思故我在'的消费感受。"思考体验诉求的是智力,为此,席勒要去苹果专卖店的每一个工作人员尽量引起顾客的惊奇、兴趣、对问题集中或分散的思考,这样就能为顾客创造一种认知和解决问题的体验。

这种思考体验的营销方式虽然是无形的,却威力巨大。可以说,在整个消费电子产品史上,苹果产品在创造出了巨大辉煌的同时,还不断地引起消费者、电子产品界、通讯产业界,乃至整个商业界从产品到营销、产业链建构等多个领域的思考。这不得不说是一个史无前例的奇迹。

1998 年是苹果 iMac 大获成功的一年。那一年,iMac 刚刚上市六个星期,就突破了 278000 台销量。如此巨大的销售量引来了媒体的一致追捧。当时,《商业周刊》就把 iMac 评为了 1998 年度最佳产品。面对如此巨大的成功,乔布斯十分满意,他还专门为此举行了一个庆功会。在会上,他特别提到了席勒在整个产品营销中所发挥的巨大作用。

早在 iMac 尚未正式亮相前,席勒就已经开始为 iMac 进行促销策划了,在经过一系列深思熟虑后,席勒最终确立了"思考促销"这一营销方案。该方案的一个最鲜明的特点就是以"与众不同的思考"为广告标语,以爱因斯坦、甘地、拳王阿里、理查·布兰森、约翰·列侬和小野洋子等不同领域的"创意天才"为广告主角。当 iMac 被正式推出时,一时间,这些大名鼎鼎的广告主角纷纷出现在了各种大型路牌、墙体和公交车的身上。

除了广告外,苹果的新品发布会也是其思考体验的一种重要手段。可以说,苹果每次的新品发布会都让席勒大费脑筋。作为发布会的规划者,席勒的目的只有一个,那就是要借助这一平台,吸引消 imac 费者的眼球。为此,他为每次产品演讲都拟定了鲜明的标题,这些标题常常让人过目不忘,更重要的是它往往能够激发听众、读者和消费者的好奇。例如在 i-Phone 发布会上,"今天,苹果重新发明了手机";在 iPod 推出时,"把 1000 首歌装进你的口袋里",简洁、具体、利益点鲜明。这些标题都是席勒精心策划的结果。

如今,苹果公司的发布仪式已经成为了业内最具特色,最具影响力,最让人津津乐道的发布仪式。其强大的气场,常常让人顶礼膜拜。

席勒向来不按常理出牌。在当今世界上,很多公司在发布新产品时,常把场所选在酒店等商业化气息比较浓的地方,然而席勒却从不这样做。在他看来,把发布会放在艺术氛围浓厚的场所召开,似乎更能给人一种高尚、圣洁之感。

当顾客们进入到其中时,很容易就会产生"朝圣"般的心理体验。苹果产品在正式发布前几个月,甚至几年前就会放出相关消息。真正的发布日更会精心设计,就像检阅军队一样隆重。

就拿 2010 年 1 月 27 日,苹果在旧金山举行的 iPad 发布会来说。为了扩大产品影响,苹果公司竟买下了会场周边的所有公交车站广告。当乔布斯登台演讲时,所有的海报都被换掉。当参加发布会的人赶赴 iPad 发布会现场时,街道两侧还一切如故,当他们离开时却发现到处都是 iPad 海报的身影。

席勒之所以这样做,目的只有一个,那就是要让消费者体会到苹果产品不是"寻常百姓"家的俗物,而是需要隆重迎接、顶礼膜拜的"神器"。

正是在这种"体验式营销"的带动下,苹果公司的产品已经顺利地占据了众多消费者的内心。它所带来的结果是,苹果产品一再刷新销量纪录。

第二章
于苹果危困时倾力加盟

当库克的亲戚朋友听说库克要放弃在康柏公司的工作，而转投苹果时，所有人都大跌眼镜。在这些人眼里，当时的苹果公司是没有任何希望的，库克去那里工作只会是浪费时间而已。然而，即便所有人都反对自己，库克还是坚持了下来。他认为虽然苹果暂时陷入了困境，但并不代表以后也会如此。他喜欢乔布斯身上的特质，他相信他和乔布斯一起可以把苹果公司做得更好。

第一节　不到五分钟的面试

要问是谁托起了光芒四射的乔布斯的话，上述几个跟随乔布斯一起种苹果的人自然是功不可没，然而还有一个人，他为苹果公司所做的贡献更是应该被包括乔布斯在内的所有苹果人牢记，这个人就是苹果公司的首席运营官蒂姆·库克。

和风光无限的乔布斯不同，蒂姆·库克为人低调，不事张扬，多年来一直在乔布斯身后默默地付出着。

　　库克生于美国阿拉巴马州，1975 年进入奥本大学学习工程学，四年之后库克拿到了学士学位。在读书期间，库克是一个十分安静的人，同时也是一个十分专注的人。在同学和老师眼里，他是一个从不会张牙舞爪，口若悬河之人。他喜欢学习，尤其喜欢静静地思考问题，那专注的样子，甚至会让同学们不忍心去打扰他。

　　攻读工程学的库克跟计算机行业结缘，其实是一个意外。在库克读大四时，一次学校组织了一个校园活动，库克是其中的一个报名者，在这个次活动中库克凭借着扎实的专业知识被提名为"杰出工程毕业生"。虽然这个荣誉称号在库克看来很平常，但他却因此被当时 IBM 的一位招聘者看中了。这个招聘者觉得库克是一个可为公司所用的人才，于是在这个活动结束不久，就向库克发出了邀请函。

　　IBM 公司是一家拥有着上百年历史的大型跨国公司，自公司成立以来，一直保持着良好的发展势头，在国际 IT 业久负盛誉。

　　能够到这样的公司就职是很多大学毕业生的梦想，库克自然也不例外。很快，库克就成了 IBM 公司的一员。

　　在进入 IBM 公司后，库克很快就用自己的实际行动证明了自己的实力，凭借着出色的业绩，他很快就被列入了 IBM 年轻管理者"极具潜力名单"。在此后的几年里，库克一再被提升。

　　后来，库克离开 IBM 加盟了电子产品销售商 Intelligent Electronics，1997 年又转投计算机生产商康柏公司，负责公司的材料采购和产品存货管理。

　　康柏公司也是一个在国际 IT 界享负盛名的大公司，该公司在首席执行官普飞伊琺的带领下，一度跻身国际信息业的 10 强。据统计，1997 年，康柏公司的收入高达 250 亿美元,年增长速度为 24%,位居世界前列。

能够相继被两个国际级的大公司看中,这在很多人看来都是一项莫大的荣誉。同时也看得出,库克的确具有着非同一般的管理能力。

然而就在库克来到康柏公司仅仅六个月后,他又被一个天才般的人物看中了,这个人就是乔布斯。

接下来迎接库克的则是一场意义重大的面试。和大多数面试不同的是,这场面试仅仅持续了不到五分钟,而这五分钟最终改变了库克的命运。

2010 年 5 月 14 日,库克应母校奥本大学之邀,回到母校为毕业生做了一次演讲,在这次演讲中,库克提到了这个面试。

他说:"在我的生命中,我迄今为止最重要的心得体会来源于一个决定:加入苹果。在苹果工作,从来没有被列入我的人生规划,但是它毫无疑问是我做过的最英明的决定。当然,我们的生命中还有许多其他重要的决定,譬如决定来奥本。在我念高中的时候,有些老师建议我读奥本大学,有些教师建议我选择阿拉巴马大学。我说过,有些决定是不言而喻的。但是,1998 年初,我选择进入苹果的决定却并没有这么顺理成章。由于你们中的大多数人当年还只有 10 岁,因此你们可能不知道,1998 年初的苹果与今天的苹果有着天壤之别。在 1998 年,还没有 iPad 或 iMac 或 iPhone,甚至也没有 iPod——我知道,你们很难想象没有 iPod 的生活。尽管苹果当时已生产了 iMac 电脑,但是却连年亏损,人们普遍认为,苹果已经濒临破产了。而就在我接受苹果工作的前几个月,当戴尔公司的创始人兼 CEO 迈克尔·戴尔被问及他会如何来解决苹果的问题时,他回答说:'我将会关闭它,然后把钱还给股东们。'戴尔的这一番话实际上说出了很多人的心声。

因此，苹果当年的境遇可谓是步履维艰。而在当时，我所在的公司——康柏电脑是全球最大的个人电脑公司。不仅康柏的业绩比苹果好很多，而且它的总部位于得克萨斯州，因而离奥本大学很近。任何理智的人权衡利弊后都会选择康柏，当时我周围的人也建议我留在康柏。我曾经向一位 CEO 咨询此事，他果断地说，如果我离开康柏而选择苹果，我就是一个傻子。

在决定是否进入苹果时，我必须运用我作为工程师的思维进行思考。工程师学到的方法就是通过不带任何感情的客观分析来做出决策。当我们面对两个选择的时候，我们就会权衡利弊，选出一个更好的。但是，在我们的生活中，很多时候，精细地权衡利弊似乎并不是做出决定的正确方法。在我们所有人的生活中，有时候依靠直觉做决定似乎更靠谱。有意思的是，我发现在面对人生重大决定的时候，直觉似乎更能让你做出正确的选择。

要把重要的决定权交给直觉，你就必须放弃规划人生未来的想法。直觉决定当下发生的事情。如果你认真聆听它，它就有可能把你导向最适合你的人生道路。在 1998 年初的那一天，我听从了我的直觉，而不是我的左脑或最了解我的人。我不知道我为什么会这样做，时至今日我也仍然无法确定。但是，在我与史蒂夫·乔布斯会面不到五分钟，我就把逻辑和谨慎抛到了一边，加入了苹果。我的直觉告诉我，加入苹果是一生仅有一次的机会，我能借此机会为富有创意的天才工作，加入可能创造伟大公司的管理团队。如果当时我的直觉在与我左脑斗争的过程中败下阵来，我真不知道我现在会在哪里，但是肯定不会站在你们面前。"

正如库克在演讲中所说的，当时迎接库克的苹果公司并不像今天这样风光无限,相反,那时的苹果公司正遭遇最低谷。当库克把这个消息告诉给朋友们时,朋友们不出意外地都投了反对票,他们认为离开风头正劲的康柏,而转投岌岌可危、丝毫看不到未来的苹果简直是一个傻子的行为。然而朋友们的反对声并没有改变库克的决定。

于是在 1998 年,库克正式加入了苹果公司,成为了乔布斯的最佳拍档。

第二节　最了解苹果文化内涵的第二人

毋庸置疑,苹果公司是目前世界上最成功的 IT 公司之一。该公司从 1976 年成立,在短短三十几年的时间里,就成为了世界 IT 业界里当之无愧的巨无霸。它的产品深受全世界广大消费者的喜爱,它不仅改变了人们的娱乐方式,也改变了人们的生活方式。如今,人们已经很难想象,没有苹果产品的生活会是什么样子。

在竞争者眼里,苹果公司所创造的辉煌业绩是很难企及的。任何一个想和苹果公司一比高下的公司都十分清楚这样的竞争有多艰难。

几乎所有关注苹果公司发展的人都有一个同样的问题,那就是苹果公司如此独一无二的竞争力到底从何而来? 其实这跟苹果公司几十年来所形成的企业文化有直接的联系。谈到企业文化对于一个公司的影响,身为苹果公司的一员老将,库克深知其中的奥秘。

对于任何一家公司来说,独特的企业文化都是公司不可缺少的一部分。特别是对于苹果这样成就辉煌的公司来说,其独特的企业文化更是铸就其辉煌的最重要因素之一。在库克看来,优秀的企业文化往往能够营造良好的企业环境,它可以在公司日常发展中,慢慢形成一种坚不可摧的凝聚力、向心力和约束力,最终形成公司发展不可或缺的精神力量,从而推动公司不断地发展壮大。同时,它也可以促进公司资源得到合理配置,提高公司的竞争力。

苹果公司的辉煌是有目共睹的。在这样一个充斥着科学技术与追求物质享受的时代,可以说,苹果公司凭借着其一系列世界著名的产品正在成为或者在某种程度上已经成为了一个引领时代的高新技术公司。作为一家成功的公司,苹果无论是在自身的经营模式、人员管理、营销策略、技术创新上都显得十分与众不同,这些不同最终造就了苹果公司独特的企业文化,反过来,这种企业文化又渗透在了每一个苹果人的内心深处,成为他们努力工作的动力之源。

作为公司的重要成员,库克对于这一点深有体会,早在加盟苹果之日起,库克就曾说过,他之所以会不顾别人反对加盟苹果公司,一个最重要的原因就是他认同苹果公司的企业文化,他希望自己可以在这样的公司里展示自己的能力,发挥自己的才华,从而为公司贡献自己的力量。

作为苹果公司的创始者,乔布斯对自己亲手打造的苹果公司一直充满了信心,有时甚至会给人一种过于自负的感觉。他始终相信,苹果是世界上最强的公司,有着与其他公司不同的做事方式。他的梦想就是击败市场上所有的公司,并且要彻底摧毁它们。他想用实际行动向世界证明,他的公司是世界上真正最强的公司。作为乔布斯的左膀右臂,库克对乔布斯的脾气秉性了如指掌。幸运的是,对于这种在别人看来过于强悍的经营理念,库克却一直持支持的态度。虽然库克在脾气秉性和行为方式上跟乔布斯大为不同,但在如何经营苹果公司上,两人的观念始终是一致的。

库克认为一个公司要想不断发展壮大,在世界舞台上称霸,就必须要有强大的自信。上至公司的管理层,下至公司的普通员工,任何一人都要充满自信。唯有如此才能不受外界影响,专心做自己的事,最终推出引领世界潮流的产品。

在库克看来,这种自信的气场定会产生一种强大的凝聚力,这种凝聚力可以把员工紧紧地团结在一起,形成强大的向心力,使员工万众一心、步调一致,为实现目标而努力奋斗。鉴于此,库克在日常工作中,一直十分注重培养公司的凝聚力。

除了能够产生强大的凝聚力外,良好的企业文化还会为公司打造一种巨大的吸引力。这种吸引力不仅是对员工,对于合作伙伴如客户、供应商、消费者以及社会大众都有很大引力。作为目前世界上最受欢迎的公司,苹果公司所具有的强大的吸引力是其他公司很难望其项背的。

在吸引员工方面,苹果公司一直是很多人梦想工作的地方。所以苹果公司在几十年的发展过程中,吸引了很多精英人才。库克就是被这种强大的吸引力所吸引才选择苹果的。

要说库克曾经效力的公司,比如IBM、康柏这些公司都是当今世界上赫赫有名的大公司,然而库克在接到乔布斯的面试通知后,仅仅和乔布斯谈了五分钟,就做出了转投苹果的决定。

在吸引合作伙伴方面,苹果公司更是引力巨大。要问哪个公司不愿意与苹果合作,基本不会有公司举手。身为公司高管,库克深知这种吸引力的重要性,所以在日常工作中,他十分关注从各个方面继续增强公司的吸引力。他认为,要想提高公司的吸引力,就要做好方方面面的工作。

比如在员工管理、产品运营、库存管理、供应链管理方面，必须要努力做到最好。员工是公司得以发展的灵魂，想让员工最大限度地发挥自己的才能，就要不断地激励他们，激发他们的积极性、主动性和创造性，只有这样才能给员工提供一个施展才能的舞台，才能提高公司的整体执行力。

库克的主要工作是负责公司的日常运营。这是一个复杂而充满考验的工作。如何减少库存，如何和合作伙伴搞好关系，如何提高公司的销售利润，如何打造公司的竞争优势，如何能做到让客户更满意，这些都是库克需要解决的问题。库克认为只有把这些问题都处理好了，才能让苹果公司在一个良性的轨道上不断发展。

可以说，在苹果公司，如果要问除了乔布斯之外，谁最了解苹果公司的文化内涵，此人非库克莫属。

第三节　采取行动，扭转危局

库克的朋友们之所以强烈反对库克加盟苹果公司，是因为那时的苹果公司根本不像现在的苹果公司这样风光无限。那时的苹果公司基本上是个烂摊子，公司的产品制造、库存管理等都十分糟糕。在大部分人看来，加盟这样一家糟糕的公司，简直是自毁前程。

苹果公司之所以会陷入困境，其实是有原因的，可以说，早在很久之前，公司就已经出现了糟糕的苗头。

熟悉苹果公司的人都知道，苹果公司当年之所以能够做起来，是跟风险投资分不开的。

苹果电脑公司在成立初期，由于资金缺乏，乔布斯开始四处寻找投资渠道。他先是说服了前英特尔公司市场经理的麦克·马库拉，获得了马库拉 9.1 万美元的投资，并由马库拉做担保，从美洲银行申请了 25 万美元的银行贷款。后来，乔布斯又找到了风险投资家阿瑟·罗克等人，从他们那里获得了约 60 万美元的投资。

　　1977 年 1 月 3 日，"苹果电脑有限公司"正式注册成立，股权比例为史蒂夫·乔布斯、史蒂夫·沃兹以及马库拉各占 30%，工程师罗德·霍尔特占 10%。这种各方均衡的股权结构以后竟成为了苹果公司运营的重大隐患。

　　1983 年，乔布斯说服了百事可乐总裁约翰·斯卡利加盟苹果。两人从此开始了一段比较愉快的合作时光。在两人共同执掌苹果的那段时间里，苹果公司推出了当时最炙手可热的产品——iMac，同时还打造了一个至今仍被人津津乐道的广告——"1984"。就在所有人都认为乔布斯和斯卡利可以合作得更好时，两人的矛盾却迅速激化了，

　　1985 年 5 月，对于苹果公司来说可谓是最黑暗的一段日子。在此期间，苹果公司内部的权力斗争达到了顶点。乔布斯和斯卡利之间的矛盾已经到了无法调和的地步。最终获得董事会支持的斯卡利解除了乔布斯在 Macintosh 部门的职务，只让他保留董事长的空头衔。几个月后，乔布斯辞去董事长职务，正式离职。

　　乔布斯离开苹果之后并没有闲着，他又创立了一家名叫 Next 的公司。他个人持有该公司 63% 的股份，掌握着公司的绝对控股权。后来，乔布斯将 Next 公司更名为 NeXT 公司。

　　在乔布斯离开后，苹果公司虽然表面上实现了盈利，而实际上却是危

机四伏。

1986 年，苹果公司实现收入 19 亿美元，净利润突破 1.54 亿美元。1987 年，收入突破 20 亿美元，净利润为 2.18 亿美元。1988 年，收入站上 40 亿美元大关，净利润为 4 亿。1989 年，收入站上 50 亿美元大关，净利润为 4.54 亿元。这些数据虽然看上去让人精神振奋，但实际情况却让人十分担忧。

和乔布斯热衷制造优秀的产品不同，斯卡利对于产品本身丝毫没有兴趣，他更关注的是公司的利益和个人的利益。在他任职期间，苹果公司竟没有推出一款有意义的新产品。为了报表上数字的漂亮，为了获得华尔街的追捧，也为了自己的个人利益，斯卡利一味追求利润增长，甚至竟不惜提高产品的价格，结果导致苹果在 PC 市场的占有率从原来的 20% 下降到了 8%。

从此 1991 年开始，苹果公司的净利润开始不断下滑。直到这时，苹果公司的高管才终于意识到问题的严重性，愤怒之下，公司解除了斯卡利的 CEO 职务。1993 年，苹果电脑公司的收入从上一财年的 79.77 亿美元下滑到了 70.87 亿美元，净利润更是从上一财年的 5.3 亿美元下滑到了 8700 万美元。情况不容乐观。

三年之后，苹果公司又和乔布斯产生了交集。在这年的 12 月 20 日，苹果电脑公司以 4.27 亿美元的价格收购了乔布斯的 NeXT 软件公司。从此，乔布斯又重新回到了苹果，出任苹果电脑公司董事会主席吉尔·阿米里奥的顾问。

迎接乔布斯的苹果公司依旧是困难重重，苹果股价依旧持续走低。1997 年的 6 月，苹果电脑公司宣布第二季度亏损 7.4 亿美元。1997 年 7

月 9 日,苹果股价仅 3.19 美元,跌到 12 年中的最低点,一度濒临破产的边缘。

这年的 8 月,乔布斯被公司董事会正式任命为董事会成员。面对着如今这个深陷泥潭的苹果公司,乔布斯并没有气馁,他打算给苹果公司进行一次大刀阔斧的改革。

其中他做的一个最重要的事情就是把库克招进了公司,让其负责管理公司的电脑制造业务。那是 1998 年的年初。

乔布斯深知库克是一个有着丰富管理经验的人,他相信库克凭借自己多年的库存管理、制造和分销运营经验,能够彻底改变公司效率低下,机构臃肿不堪的混乱局面。

事实证明乔布斯真的找对了人。

库克一上任就开始大展拳脚。他做的第一件事,就是对电脑制造业务进行大笔的账面减记。不过他十分清楚,对于深陷困境的苹果公司来说,光是账面减记是解决不了大问题的,要想让公司摆脱困境就必须给公司动一个大"手术"。

当时苹果的库存存在的问题十分严重,库克认为如果不能把这个问题解决掉,就必然会增加公司的运作成本,严重影响公司的发展。当时苹果公司竟然把亚洲运来的部件在一家爱尔兰工厂里组装成笔记本,然后其中的很大一部分又被运回亚洲市场销售。在库克看来这样的循环除了浪费人力物力外,对公司没有任何好处。于是,他决定让苹果的部件供应商贴近制造商。这样一来,就可以使得供应商的部件保留在自己的库存里而不是苹果公司。此外,为了削减成本,库克还关闭了苹果在世界各地的工厂和仓库。

这些举措很快就得到了立竿见影的效果。库存产品在苹果资产负债表上存在的时间迅速从以月计算降为以天数计算。截至 1998 年 9 月 25 日，苹果只维持着 6 天的库存量，相当于 7800 万美元的商品价值，这比上年的 31 天库存量和 4.37 亿美元商品价值大幅降低。仅仅过了一年之后，库克又把该数字挤压为了 2 天和 2000 万美元。

在库克刚刚加入公司时，除了乔布斯对他信任有加外，很多人对库克一直抱有怀疑的态度，他们不大相信相信苹果这个烂摊子会在库克手里起死回生。库克天生不爱与人争论，面对众人的质疑，库克没有任何过激的言语。然而他最终用自己的实际行动向众人证明了自己的能力。

对于身陷困境的苹果公司来说，库克的到来显得非常及时。很难想象，如果没有库克的加盟，苹果公司将会陷入怎样的绝境。也许人们就不会看到现在这个魅力四射、风光无限的苹果公司了。

如今，库克已经在苹果公司整整工作了十四年，在这十四年的时间里，库克可谓是呕心沥血，鞠躬尽瘁。在他的精心打理下，公司的运营状况十分良好，人们甚至很难想象现在的苹果就是十几年前那个濒临破产的苹果。

苹果公司的运营能力让很多竞争对手心惊胆战却又无能为力。

2001 年的 10 月，苹果公司推出了 iPod 数码音乐播放器，结果该产品一面世就受到了广大消费者的热捧。十分擅长经营的库克为了进一步抢占数字音乐市场，又提出了配合其独家的 iTunes 网络付费音乐下载系统的策略。结果一举击败了索尼公司的 Walkman 系列，成为了全球占有率第一的便携式音乐播放器。就在所有人都为这次胜利而欢呼雀跃时，库克又有了一个新想法，他建议公司应该趁势推出 iPod 的系列产品，最终苹果公司凭借这一系列产品巩固了公司在商业数字音乐市场的地位。

　　凭借丰富的公司运营管理经验,库克迅速进入角色,严格的成本控制和供应链管理,使得整个产品线的利润率大幅提升。此外,库克还帮助公司对新产品市场需求进行准确预测。

第四节　致力于打造卓越的竞争力

　　库克与乔布斯的一个共同点是,他们都希望苹果保持卓越的竞争力。在加盟苹果之后,库克一直致力于打造苹果公司卓越的竞争力。

　　一个公司的竞争力最主要的是表现在它的技术创新上。当今世界是一个经济已经全球化,知识经济占主导地位的世界。对于每一个企业来说,要想在激烈地竞争中生存并且发展下去,就必须要提高企业的核心竞争力。而对于所有 IT 领域的企业来说,企业的核心竞争力则主要体现在技术创新上。技术创新是提高企业核心竞争力的关键,一个有着强大创新能力的公司一定有着持续的竞争能力。

　　作为苹果公司的高管之一,库克深知其中的奥秘。在苹果公司几十年的发展历程中,其推出了一系列革命性的电子产品,比如 iPod 播放器、i-Phone 手机、MacBook 笔记本和 iPad 平板电脑等等。每一款产品的推出都能在全世界范围内引发一次苹果热,在全世界果粉的狂热追捧下,这些产品甚至被赋予了神一般的意义。由于这些产品的畅销,使得苹果公司的股价在 10 年里涨了十多倍。

2010 年 5 月 27 日,苹果公司的市值超过微软,已经成为了世界上最大的科技公司。可以说,多年来,苹果公司无论是销售额或是纯利润,无不处处展现着它在 IT 业巨无霸的风采。在全世界电子产品的消费市场上,苹果的产品一直占据耀眼的明星地位。其产品的品牌形象早已深入人心。

如此辉煌的成就足以让其他 IT 同行难以望其项背。也许有人会问,苹果公司究竟是凭借什么将自己推上国际 IT 界王者宝座上去的呢?它是如何让自己在全世界范围内刮起一股"苹果"旋风的呢?在库克看来,这跟公司的技术创新能力紧密相关。

所谓技术创新,是指企业应用创新的知识和技术、采用新的生产方式和经营管理模式,提高产品质量,开发新的产品,提供新的服务,占据市场并实现市场价值。而竞争力则指某一组织内部一系列互补的技能和知识的结合,它具有使一项或多项业务达到竞争领域一流水平、具有明显优势的能力。对于一个公司来说,其竞争力是其获得长期稳定的竞争优势的基础,主要包括企业的技术能力、组织协调能力、对外影响能力和应变能力。也就是说,如果一个公司能够向消费者提供远优于其他竞争对手的价值、产品、服务的话,就可以说这家公司具有极强的竞争力。在苹果任职的十几年里,库克对此有着深刻的认识,他知道公司的竞争力是公司发展壮大的命脉所在, 是公司占领市场、获得长期利润的市场竞争能力的综合体现。

对于苹果公司来说,要想增强自身的生命力,提高自己的竞争力,就必须依靠技术创新,公司只有在技术上领先于别人,才能不断推出引领潮流的产品,才能让产品受到广大消费者的欢迎,才能彻底把其他竞争者甩在身后。

在库克看来,技术创新是公司开拓市场的有效途径。苹果公司的任何一款产品在市场中都会经历"诞生—成长—成熟—衰亡"的历程。无疑,当产品的市场发展到一定程度以后,就会出现供大于求的局面,从而出现成熟化。很显然,一旦产品进入到这个阶段以后,其竞争力就出现下降的趋势。

和乔布斯一样,库克是一个十分热衷竞争的人,当初他之所以选择加盟苹果公司,就是希望能够协助乔布斯在产品技术创新上贡献一份力量,他的梦想就是要把苹果公司推向国际IT业的顶端。对于一个主要负责公司运营方面业务的高管来说,库克对于产品的市场有着独到的观察和见解。他认为苹果公司只有通过不断的技术创新,向市场提供新的产品,这种新产品由于所具有的新功能、新特点而高于以往商品的市场价值且更容易满足消费者的需求,只有这样才能把握国际市场竞争的主动权,进而建立公司的核心竞争力。

熟悉苹果公司的人都知道,苹果公司总是会隔一段时间才会推出一款新产品,为什么会这样呢?其实这跟库克的运营策略有关。身为公司的首席运营官,库克知道要想把一款产品运营好,其前提就是要确保产品的创新性、质量以及消费者的使用体验。基于此,一直以来,库克和乔布斯在这一点上始终保持着一致的观点。

为了向广大消费者提供一款完美的产品,库克总是率领着他的团队,不断地观察着市场动向,然后在第一时间把得到的消息反馈给公司的设计部门。在库克的努力下,苹果公司实现了文化、产品、品牌和口碑之间的良性循环。

多年来,库克一向注重对公司产品品牌的管理。因为在他看来,如果产品具有良好的口碑和强大的品牌影响力,它的竞争力就必然会加强。如何才能打造一个名牌产品呢?这依旧跟技术创新有关。

可以说,技术创新是名牌战略的基础,技术创新是创建名牌产品背后的一项硬工夫,技术创新为创建名牌提供了技术和物质上的保证。只有建立在技术创新基础上的名牌才是真正具有竞争力的名牌。

纵观苹果公司到目前为止所推出的所有产品,比如 iPod 播放器、iPhone 手机、MacBook 笔记本和 iPad 平板电脑,可以说无论是哪一种产品,都已经在消费者心中树立了时尚和品质的良好品牌形象。这是库克最愿意看到的,因为它直接给苹果公司的收益和竞争力带来了最好的宣传效应。

第五节 亲手打造了一条完美的供应链

正如前面所说,库克曾在 IBM 供职长达 12 年。在此期间,库克主要负责 IBM 的 PC 部门在北美和拉美的制造和分销运作。后来,他又转投渠道商智能电子公司任电脑分销部门的首席运营官。而在他加入苹果公司前,他刚刚转投到康柏公司六个月。此间,他的主要工作是负责材料采购和产品库存管理。

任何一家公司,尤其是一家优秀的公司,其在挖掘人才时,往往特别看重所挖人才的实际工作能力。能相继被 IBM、康柏这样在国际上赫赫有名的大公司看中并重用,这足以显示出库克出色的运营管理能力。

在长达十几年的管理实践中,库克积累了众多在制造、分销、库存管理以及财务管理方面的经验。而这正是乔布斯向库克抛出橄榄枝的理由。

熟悉苹果公司的人都知道，在库克加入苹果之前，苹果的情况十分糟糕。尤其是它的供应链和库存管理更是一塌糊涂。他清楚地意识到乔布斯所接手的苹果是一个不折不扣的烂摊子。要想把苹果公司从低谷中拉出来，就必须要理清公司复杂的供应链系统以及进一步完善公司的库存管理。

作为供应链管理的高手，库克深知供应链管理对于一个公司的重要性。

库克认为，一个公司要想在以买方为主导的激烈的市场中这个领域占有一席之地的话，那么不仅要提高产品的质量，还要优化和加强产品在市场上的管理和运作方式。于是便出现了供应链管理的概念。所谓供应链管理具体来说是指以市场和客户需求为导向，在核心企业协调下，本着共赢原则，以提高竞争力、市场占有率、客户满意度、获取最大利润为目标，以协同商务、协同竞争为商业运作模式，通过运用现代企业管理技术、信息技术和集成技术，达到对整个供应链上的信息流、物流、资金流、业务流和价值流的有效规划和控制，从而将客户、供应商、制造商、销售商、服务商等合作伙伴连成一个完整的网状结构，形成一个极具竞争力的战略联盟。简而言之，供应链管理就是优化和改进供应链活动，其对象是供应链组织和它们之间的"流"，应用的方法是集成和协同；目标是满足客户的需求，最终提高供应链的整体竞争能力。

在谈到关于供应链管理的实质时，库克这样说道："苹果公司要想优化供应链管理，就要深入供应链的各个增值环节中去，并且试图将顾客所需的正确产品在正确的时间，按照正确的数量、正确的质量和正确的状态送到正确的地点，同时还要确保成本最小化。"

　　通常，一个公司的供应链系统包括供应商、制造商、分销商、销售商、客户和服务商等几个组成部分，这些组成部分彼此分工合作，构成一个网状结构。在这个结构中，它们彼此联系，环环相扣，组成一个有机整体。可以说，一个公司的物流、信息流、资金流、业务流和价值流的管理通常贯穿于供应链的全过程。这个供应链包含了整个物流，从原材料和零部件的采购与供应、产品制造、运输与仓储到销售等各个领域。如果这些企业之间无法达到信息共享、无法共同分担风险，那么这个公司的供应链管理就是无效的，这对一个公司来说将是一个毁灭性的打击。

　　而从另一个角度来说，供应链管理是一种集成化的管理模式。它是一种从供应商开始，经由制造商、分销商、零售商，直到最终客户的全要素、全过程的集成化管理模式，是一种新的管理策略，它把不同的企业集成起来以增加整个供应链的效率。其中任何一个环节一旦出了差错，都会对公司造成重大影响。

　　而在一向擅长库存管理的库克看来，供应链管理使企业与其上下游企业之间在不同的市场环境下实现了库存的转移，这便能降低企业的库存成本。而要想达到这样的效果，就要求供应链上的各个企业成员建立战略合作关系，通过快速反应降低库存总成本。这就是供应链的重要性。

　　作为世界上实力最雄厚的 IT 帝国，苹果公司拥有着一个巨大的、复杂的供应链系统。所以，库克在苹果公司工作的十几年里，他的一个最重要的工作就是对苹果公司的供应链进行调查和研究。"把合适的产品在合适的时间以合适的成本送到合适的地方"一直被库克当成是自己奋斗的目标。

早在 2010 年的 2 月份，福布斯就曾发布了一篇名为《苹果的生态系统》的图片文章。文章里这样写道：如果你随便打开一种苹果产品的话，你会发现里面的很多零部件都不是苹果公司自己生产的。也就是说，苹果公司与其他制造商一样，依赖于一整条极长的供应链。

　　一直以来，和苹果合作，为苹果供货的厂商有很多。比如韩国的电子巨头 LG 主要为苹果供应液晶显示面板；中国的富士康等多家代工公司主要为苹果组装电脑和电子用品；韩国三星公司主要为苹果生产数量庞大的内存用于音乐播放器等产品；英特尔公司为苹果提供中央处理器；英伟达公司为苹果提供图形处理器（显卡）；作为苹果最好的合作伙伴，AMD 公司也同样为苹果供应图形处理器，这便给苹果提供了选择的余地；博通公司为苹果供应 Wi-Fi 芯片，这家公司号称半导体界的高露洁，如果你打开一台苹果 iPhone3GS，就会发现其 Wi-Fi 和蓝牙连接都依赖于博通芯片；英飞凌公司为苹果供应基带芯片，这个东西可以将苹果 i-Phone 与用户的声音和高速移动网络连接在一起；安谋国际科技公司主要为苹果设计处理器架构。英特尔的 x86 系列或许在服务器和 PC 领域独占鳌头，但由 ARM 设计的处理器在各种可移动设备领域占据统治地位。苹果的 iPhone 和 iPodtouch 以及新推出的 iPad 都以 ARM 设计的处理器为中枢；希捷公司主要为苹果供应固态硬盘。

　　以上这些供应商只占苹果庞大的供应链系统中的一小部分，世界上还有很多公司也扮演着为苹果供货的角色。

　　苹果的成功是有目共睹的，很多人常常会把这种成功归功于天才乔布斯的个人能力，他们认为苹果的成功就是产品设计的成功。从 iPod 到 iPhone，再到 iPad，所有这些明星产品的成功都是空前绝后的。然而，我们在赞美乔布斯天才般的想象力时,我们也不能忽略另一个重要的事实,这些产品的成功其实是源于它们背后有一套卓越的运营和供应链体系。而这个体系的搭建者就是库克。

库克的加盟对于苹果公司来说是一种莫大的幸运。因为在库克未加入苹果之前,苹果公司的运营状况十分糟糕。

早在 1997 年,苹果已经陷入到了内外交困的境地,当年的亏损额高达 10 亿美元。这让新回到苹果的乔布斯也有些一筹莫展。如此凄凉的状况,更是招来了竞争对手的嘲笑。当时,戴尔的总裁迈克·戴尔就曾对人说:"现在苹果正处于'把公司关了,把剩下的钱还给股东'的破产边缘。"

当时,苹果的产品线十分复杂,产品型号泛滥。光是台式电脑的型号就多达 12 种;而公司的运营管理更是一塌糊涂,生产和供应链效益低下,成本却居高不下。

库克就是在这样的情况下加入苹果公司的。乔布斯对他的管理能力深信不疑,将公司的运营管理全盘托付给了库克,希望库克能够彻底扭转这种糟糕的局势。

在对苹果公司的运营情况做了详细地调查研究之后,库克找到了解决的办法。

鉴于公司运营成本过高,效率低下,库克认为必须要设法把质量做上去、把成本做下来,否则再好的产品也不会有强大的竞争力。于是库克做了以下三件事:

第一,关掉了公司的众多生产设施;

第二,与亚洲制造商开展合作;

第三,建立 JIT 库存系统。

该系统又被称为准时制库存系统,其目标是实现零库存。它的基本思路是企业不储备原材料库存,一旦需要,立即向供应商提出,由供应商保质保量按时送来,生产继续进行下去。

　　库克深知当今市场已经由原来的封闭型转变为全球开放型的市场。而库存管理是生产服务的,它必须保证任何时候仓库里都有一定数量的存货,这样才能保证生产的顺利进行。而传统的库存管理是存在着一定缺陷的。传统的库存管理所用的是经济批量法,管理人员通常是通过经济批量公式计算出使订货费用和库存费用总和最低的订货批量。

　　在库克看来这些方法貌似科学,其实在实际生产中却往往难以真正发挥作用。这些方法这种方法总是去试图寻求解决库存优化问题的数学模型,而事实上,库存管理是一个涉及方面很复杂,需要处理大量信息的领域。在现代制造业中,企业对于物料的需求既不均匀,也不稳定,这就使得传统库存管理系统下达的订货时间常常偏早,从而造成物料积压,既导致资金的大量无效占用,又引起库存费用的增加。由于生产需求的不均衡,会造成库存短缺,从而给生产造成严重损失。库克认为如果苹果公司采用这种库存管理方式的话,存在的风险是不言而喻的。一旦市场需求间断,就必然会造成大量的库存积压,资金周转周期增长。

　　在库克进入苹果公司之前,苹果公司就一直存在着这个问题。如果库存问题不能解决,将会大大影响公司的生产。

　　鉴于此,库克提出了建立"JIT库存系统"的想法。

　　所谓"JIT"意识就是"在需要的时候,按需要量生产所需的产品"。这种生产方式旨在有效利用各种资源,降低成本,消除在生产过程中形成浪费的一切根源和任何不产生附加价值的活动。

　　总而言之，JIT 的核心就是追求一种无库存的生产系统，或是使库存最小化的生产系统，即消除一切只增加成本，而不向产品中增加价值的过程。其最终目标是利润最大化，基本目标是努力降低成本。

　　正在这些措施的作用下，苹果公司得以扭亏为盈，重新回到了发展的轨道上。可以说，库克是苹果公司起死回生的关键性人物。

　　然而在库克眼里，对于公司运营和供应链的管理是一个长期的过程，虽然当时的苹果公司已经摆脱了困境，但要想让公司走得更远，就必须要进一步完善其运营和供应链系统。

　　库克曾对人说："供应链管理策略是公司战略的一个重要组成部分，苹果公司要想在业内保持领先优势，就必须要在供应链管理上下工夫。"

　　正如库克自己所说，在接下来的十几年中，库克确实在供应链管理上下足了功夫。

　　和乔布斯一样，库克也是一个崇尚创新的人。在他看来，苹果产品可以创新，苹果的供应链管理同样也可以创新。

　　当时，由于海运成本要远低于空运成本，所有很多公司都通过海运获取零部件。然而在库克看来，这种方式相比较空运而言不仅速度慢，而且效率低。于是库克便打起了空运的注意。为了确保新款半透明 iMac 能在次年圣诞节期间全面铺货，苹果公司竟花了 5000 万美元的天价买断了圣诞购物季期间所有可用的空运空间。

　　在 2001 年 iPod 即将上市之际，库克同样通过空运将产品从中国的工厂运送到消费者的门口。如此疯狂的举动简直让其他竞争者抓狂。

　　在对苹果整个供应链的管理中，库克一直崇尚长期的规模效应对于整个供应链系统的有利影响。为了能让公司的原型产品转换成大规模的生产设备，库克时常要求公司的设计团队要时刻和供应链与生产商进行接触。为此，苹果每年都会投入巨资。

和其他公司的工程师不一样，苹果公司的工程师有时会花费几个月的时间住在酒店里，因为他们要尽可能地接近供应链和生产商。这样一来，他们就能在第一时间对工业流程进行调整，进而提高供应链和生产商的工作效率。

苹果公司在当时设计 MacBook 机身时，曾使用了 unibody 一次成型工艺，这种工艺需要用一块完整的铝片制成。所以，在生产这种新设计时，苹果的设计师就要去和供应商共同开发一种专用的新设备。这种专注于几条产品线，并对设备进行定制的能力，一直是苹果公司的一大优势，让其他竞争者望而却步。

有人曾这样评价苹果公司："他们拥有非常统一的战略，所有的业务都围绕这一战略展开。"这正是库克努力的结果。

为了能够获得充裕且廉价的零部件，苹果公司每次到投产时，都会拿出一笔巨额资金支付给供应商。如此巨大的竞争力，让其他竞争者颇感无奈。

而据一家钻孔机厂商高管透露，苹果公司当初为了生产足够的 iPad，购买了大量的高端钻孔机，用于为该产品生产内壳。由于订单量过大，使得这家钻孔机厂无暇为其他客户生产产品，从而导致其他企业足足等了 6 周至 6 个月才拿到机器。

如前所述，公司庞大的采购量使得苹果在零部件成本、制造费用以及空运费用中获得了巨大的折扣。这正是库克想要的。

由于苹果大量且稳定的采购订单，使其成为了各个供应商的最高规格客户,议价权远远高于其他订货商,故能以相对较低的价格获得大量的产品采购及生产。

其中表现的最明显的就是苹果的明星产品 iPhone4。iPhone4 所采用的屏幕是 IPS 技术的 960×640 超高分辨率屏幕,为苹果公司提供这种屏幕的是韩国 LG 和日本的老牌屏幕制造商夏普。

由于苹果的订单量过大,这两家供应商几乎将其所有产能都用于供给 iPhone4,从而导致手机制造商摩托罗拉和 HTC 等根本无法获得此型号的屏幕订单,而只能向其他屏幕供应商采购技术相对落后的普通 TFT 屏幕,这样的结果是导致屏幕的显示效果远不如 iPhone4。

正因为这样,所以苹果的产品拥有着强大的竞争优势,这种优势为苹果赢得了大量的市场份额,同时也让它的竞争者感到无所适从。

在库克眼里,他一直把公司的运营技能看成是与产品创新和营销同样重要的资产。卓越的运营能力往往是公司强大竞争力的保障。

所有熟悉苹果公司的人都知道,苹果公司的保密策略是十分严格的,甚至已经到了苛刻的地步。对于这一点,所有为苹果公司供货的供货商深有感触。这种保密策略也出自库克之手。每次在苹果即将发布新产品时,苹果公司对供应链的控制就会达到顶峰。在产品发布的前几周,各个供货商常常会加班生产数百万台的设备。为确保产品在发布前夕对外保密,苹果公司会在部分包装箱内安装电子监视器,使得该公司的总部员工可以追踪各个工厂的状况,防止泄密。

据知情人士透露,苹果公司为了逃避检查,至少有一次会将产品装在土豆包装箱内运输。在 iPad2 发布时,苹果就将所有成品都放在了包装箱内,并由该公司的员工监视每一个传送点码头、机场、卡车仓库以及分销中心以确保每台设备不出问题。

对于全球很多高科技制造商来说，掌控零部件买价，并且确保关键部件能按需流动是他们梦寐以求的事情。然而却很少有公司能真正做到。不过库克却做到了。

近几年来，苹果公司凭借着炙手可热的 iPhone、iPad 等产品一跃成为了全球市值最高的跨国科技公司。可以说在全球同行之中，苹果公司的财力是无人能及的，其巨额的现金储备更是让竞争者难以望其项背。

大多数公司往往头疼于自己的财力不足，而苹果公司却经常为如何处理巨额的现金储备发愁。这种情况在库克手里得到了解决。他的解决方法是用这些去扩大海外工厂的产能。更确切地说就是买断其自身的供应链。为此，库克的具体行动是购买生产设备装配亚洲现有和新开的工厂，然后交由其他人来运营。

自打进入苹果公司那一天起，库克就给公司定下了一个目标，那就是要让苹果公司的供应链在供应链市场上形成垄断地位，这样苹果就能够获得超越数量和规模的优势。

对于苹果公司来说，这是一项意义重大的举措。如果苹果拥有自己的生产设备，那就意味着它的供应商不能生产惠普电脑或 HTC 智能手机。

一直以来，由于诺基亚、摩托罗拉、惠普和戴尔等公司的竞争力不如苹果公司，导致它们的供应商的业务也十分不稳定。很多时候，供应商不得不为这些公司扩充产能，这是一个极大的冒险。如果产品销量不好，它们的利润率就会直接下降。所以在跟惠普、摩托罗拉等公司合作时，供应商往往是提心吊胆。

这种情况当然被库克看在眼里，他认为如果苹果公司能够为供应商承担设备风险,就可以为供应链消除业务的不确定性,这对于苹果公司来说有利无害。

其中一个最大的好处就是苹果每年的成本可以减少15%到20%。这不仅有助于维持 iPhone 和 iPad 的高利润率,还可以为公司开拓其他市场提供条件。

在一般人眼里,库克是一个行为低调,不善言辞,甚至有些呆板的人,跟乔布斯的活力四射形成了巨大的反差。然而熟悉库克的人,特别是对于乔布斯来说,他知道库克低调的背后隐藏着巨大的竞争欲望,虽然他不善言辞,但他的脑袋时刻都在构思着苹果的未来格局。

至于在和竞争对手周旋这方面来说,库克的手段十分灵活。2011 年,苹果遇到了一点小麻烦,其在中国的供应商被指用工环境恶劣。为此,美国公平劳工协会对苹果终端零件提供商介入了调查。

库克在得知消息后, 随即要求包括富士康在内的供应商改善用工环境改善:大大减少了员工的工作时间及强度、相对增加福利。

库克之所以这样做,其实他是有目的的。表面上看,提高供应链上员工的待遇就意味着供应链生产采购的成本增加, 那么苹果的利润率就会相应减少。然而,在库克看来这一做法可以对竞争对手形成冲击。

在 2011 年的手机市场,苹果公司以其绝对的优势独占鳌头。把三星这样的手机生产大户远远地抛在了后面。

这也就意味着苹果的利润率要远高于其他竞争者。库克认为,苹果公司超高的利润率,完全可以抵消掉供应商所提高的成本。而竞争对手则会因为这部分成本的提升而失去利润来源。库克的这个手段实在是高明,他不仅借此维护了公司的形象,还有力地打击了竞争对手。

就像乔布斯所认为的那样，库克的脑袋里时刻都在想象着苹果的未来，并对其做着长远的规划。这是身为一个运营官必备的能力。

　　库克很清楚，对于像苹果这样从事科技互联网行业的公司来说，其供应链不仅仅包括传统行业里的硬件的生产组装，还包括其产品中的软件及其服务。如果苹果公司的软件及服务没有任何竞争优势，苹果公司是很难在业内立足的。

　　自 2007 年 iPhone 一代发布以来，谷歌公司一直是苹果最大的服务提供商。iPhone 里的搜索、语音识别以及地图定位功能都由谷歌公司提供。

　　作为目前畅销的智能手机，iPhone 自面世以来就面临着 GoogleAndroid 以及老对手微软 Windowsphone 的激烈竞争。在库克看来，如果苹果的智能手机不能保持自己的竞争优势，将来就很可能会被竞争者超越。而在硬件方面，各个竞争对手的实力已经相差无几，唯有在软件服务上提升自己，才有获胜的可能。

　　于是，库克认为他应该在公司的软件方面做点什么。库克所做的第一件事就是在 2011 年和供货商 Nuance 公司签署了合作协议。苹果公司在2011 年的 10 月份正式发布了 iPhone4S，和以往不同，这款手机推出了全新的人工智能语音助手 Siri。而为 Siri 提供语音识别服务的著名的语音和图像解决方案的正是 Nuance 公司。这次苹果并没有和谷歌合作。

　　Siri 同时还包含语音搜索功能，其采用的搜索引擎也不再是浏览器Safari 中默认的 Google 搜索，而是采用了 wolframalpha 公司的搜索解决方案。

　　苹果之所以放弃和谷歌的合作，目的十分明确，库克是想在规避谷歌提供的服务的同时,进一步发展自己的软件入伍体系,进而更好地构建苹果的生态系统。

库克的另一个野心就是要让苹果的零售店在一定人群内形成"垄断"。为了达到这一目标,库克更是下了一番功夫。在库克看来苹果的零售店就像是一个晴雨表,每当有新产品开始销售时,零售店就可以在第一时间了解产品的供需状况,并将信息传达给公司的决策部门,从而利于决策部门适时做出相应的调整。

一旦发生某种零部件短缺,库克就会让公司的团队部署相应的计划,尽快申请拨款用于购买设备,从而确保生产能够顺利进行。

有人曾质疑库克如此巨大的资金投入量,但库克却不以为然。因为他知道如此巨大的资金投入并不会打了水漂,而是会为公司打造出无可比拟的巨大优势。

关于运营优势,有这样一个故事。

早在几年前,苹果的设计团队在设计新一代 MacBook 时,打算增加一项新功能:在屏幕上方设计一个小绿灯,穿过电脑的铝制外壳指示摄像头的位置。然而问题出现了,从物理学上讲,光线是不可能穿过金属的。于是团队的负责人便给一些制造专家和材料专家打电话询问解决办法。最后这些专家向他们提供了一个方案,即可以利用激光在铝制外壳上打一个足以让光线穿过,但人眼几乎无法识别的小孔。不得不说这是一个好办法,可问题是实施起来难度太大。

它需要大量的激光器。经过调查,苹果公司发现了一家公司能够制造这种激光设备,当时每台设备售价约为 25 万美元。于是苹果公司便与其签署了保密协议,向其购买了数百台设备。此后,这种绿光就一直被用于

MacBookAir、Trackpad 和无线键盘中。

这个小故事凸显了苹果的运营优势。公司的运营是一个融合着制造、采购和物流等多种领域的世界。无疑,库克十分精于此道。

简化公司的供应链体系是库克工作的另一个重点。库克认为只有在制造、采购、销售和维修以及保固履约服务方面做到尽量地精简才能让苹果公司更胜一筹。他曾说:"一家制造商及其订单履约过程越简单,就越灵活高效,也能更具有竞争力地协助公司达到目标。"

零售业务是库克最关注的,也是最能体现苹果公司供应链业务精简的领域之一。

众所周知,苹果的零售店算得上是目前全世界盈利能力最强的零售店。无论其他零售业情况多么低迷,苹果的零售店都始终保持着强劲的态势。

所有去过苹果零售店的人都会对其简洁、有序的店内设置留下深刻的印象。顾客在零售店中永远体会不到任何凌乱和嘈杂的感觉,哪怕是在零售店最繁忙的时候。对此,库克曾说:"AppleStore 旨在简化并强化公司产品与相关解决方案的展示与行销。"其实这样的概念都跟库克精简供应链的策略密切相关。

为什么库克会对简单且高效率系统的概念情有独钟呢?首先,他认为公司只有把精力放在少数产品上,才能够对其倾注全力,才能保持产品的高度延续性。无论是 PC、智慧手机、MP3、电视盒还是一些周边设备与数位产品,从支援这些产品的供应链来看,它们之间有着高度的延续性。为了保持这种延续性,库克要求公司要尽可能地把产品交给同一家公司制造。

这种单一的制造策略大大降低了苹果公司的成本。它使得公司只需在少数地点协调物流与出货业务就可以了。为了降低这一策略的风险,库克除了把一些产品外包给亚洲的合作伙伴之外,还外包了一些运输与物流管理业务。这样做的好处就是公司可以降低对产品的直接控管与分配。

正是由于这样,所以库克认为必须要加强对这些合作伙伴的监督,只有这样才能确保产品的质量、服务的质量等等。

库克的谨慎是出了名的,多年从事运营管理的经验使得他十分关注如何把公司的风险降到最低。他十分清楚,如果公司的供应链任何一环出了问题,就会严重影响到整个供应链的运行,从而给公司造成重大损失。所以在选择主要产品组件供应商时,他向来信奉"不把鸡蛋放在同一个篮子里"的原则。为此,他常常会选择至少三家供应商为苹果供应重要的产品组件。

就拿苹果公司最新推出的 iPad 来说,这款产品的重要零部件生产商就有很多家。

有人曾把库克的这一策略比喻成是"一石二鸟"。其一,它可以使得苹果公司利用供应商之间的竞争获得较低的价格;其二,它还可以尽量降低因一家供应商生产问题致使厂家生产中断的风险。库克的"供应链管理巨匠"的盛名可谓是名不虚传。

有人曾对 iPad 进行过,结果发现售价 629 美元、带 4G 无线连接模块、存储容量为 16GB 的新 iPad 的零部件成本大概为 309 美元。相比之下,iPad2 目前的零部件总成本为 248.07 美元,其在 2011 年首次推出时成本为 276.27 美元。

两代 iPad 零部件总成本差异之所以会这么大,一个主要原因是新一代 iPad 的显示屏成本高达 70 美元,而 iPad2 显示屏的成本只需 49.50 美元。在新 iPad 的零部件供应商中,苹果公司除了继续和之前的合作伙伴合作外,还又增加了一些知名度较低的厂商。比如,生产数据存储芯片的美光科技公司和海力士半导体公司;生产通信芯片的博通公司和高通公司等。在库克看来,即使其中任何一家供应商出现供应错误、争议或任何中断情形,也不至于对苹果公司造成重大限制和影响。

从苹果公司近几年来产品的销售数据就可看出,苹果公司公司虽然硬件制造模式较为单一,但它的竞争力却是不容忽视的。据某调查公司统计,iPhone 在美国的重复购买率达 50%,也就是说,目前在美国所有的 iPhone 用户当中,有将近一半的消费者是以新款来代替旧款 iPhone 的。这种高端市场的占有率是其他公司无法比拟的。

有人问苹果公司如此巨额的销售量是如何产生的?其实这跟 iPhone 的销售模式有很大关系。而这种销售模式正是库克一手打造的。多年从事运营管理的库克对于如何销量产品有着独到的见解,由此他所使用的手段也与其他公司大相径庭。

谈到 iPhone 的运营模式,这里就要提到两个公司。这两家公司被称为美国两大最强势的运营商,它们分别是 AT&T 公司和 Verizon 公司。2007 年,苹果公司推出了 iPhone。当时苹果便选择了 AT&T 作为全球第一家销售 iPhone 的通信运营商。为此,双方签订了一份具有排他性的协议,AT&T 公司因此获得了在美国的独家代理权。所有想购买 iPhone 的美国消费者必须成为 AT&T 的合同用户。

然而,随着竞争对手 andorid 的市场占有率逐渐走高,库克认为如果苹果公司继续只与 AT&T 公司一家合作,那么 iPhone 的市场份额很可能会被 andorid 蚕食掉。于是，为了摆脱被动局面，库克决定另外寻找一家运营商，来和 AT&T 公司共同分担运营权。这家公司就是 Verizon。在库克的积极奔走下，双方最终于 2011 年 1 月 12 日正式签署了合作协议。

事实证明库克的做法是对的，此后 iPhone 的销售量一路走高，让一直都在虎视眈眈的 andorid 显得有些无可奈何。然而库克从不是一个满足现状的人，他还想进一步巩固 iPhone 的市场地位。为此，在 iPhone4S 即将面世之前，库克又相继和其他运营商签订了合约计划。

在管理公司的供应链方面，库克的另一个为人称道的策略就是把供应链与产品战略结合在了一起。一直以来，苹果产品是在不断追求差异化的过程中一步步前行的，正是因为这种差异化，使得苹果的产品在众多竞争产品中显得与众不同、独树一帜。

然而在库克看来，要想更好地实现这种差异化战略，就必须要求供应链做到快速、敏捷，而要想最大限度地降低成本，就必须要求供应链既成本低，又要有高效率。

因此，每次苹果推出新品，大打差异化战略时，其供应链都会在第一时间做出响应。

在当初苹果打算推出 iPhone 时，为了买到质量最好的触摸屏，便在供应商建厂时就投下了巨资，买断其产能 6 到 36 个月。这是库克遏制竞争对手的一计妙招。因为买断了供应商的产能，使得其他竞争对手就无法在第一时间也买到同样高技术的触摸屏。当触摸屏成了大众商品时，竞争对手可以购买时，苹果又可以因为之前谈好的价格而拿到供应商的优惠价，其实是由竞争对手补贴的。这样一来，竞争对手在价格上就没有任何跟苹果产品竞争的优势了。

此外，苹果公司对于供应商的严格要求是出了名的。就算是与其关系最密切的供应商和承包商，也必须受到严苛且毫不留情的要求与监督。特别是在保守机密这点上，苹果公司更是提出了苛刻的条件，任何供应商只要违反了规定，苹果就会立即终止合作关系。

为了保守机密，通常苹果公司不到最后一分钟绝不对供货商透露信息。大多数供应商通常在接到苹果的电话后，要按苹果的要求把制造的样品交给苹果检查。苹果在作出最终决定之前会对大量工程样品进行比较。

而为了让自己的产品"与众不同"，苹果一向坚持定制设计而不是选择成品零件，这让许多供货商大为头疼。

可以说苹果公司所创造的辉煌业绩很大一部分要归功于库克的精心管理。没有人会否认库克为苹果公司所做出的贡献，就像是没人会否认苹果公司如今的成功一样。

第六节　帮助苹果个人电脑重返巅峰

熟悉苹果公司的人都知道，苹果公司在早年是以生产个人电脑崛起并发家的。公司刚刚成立时，乔布斯和他的伙伴曾推出过几款在当时具有极大影响力的产品，这些产品在面世之后，受到了广大消费者的欢迎和热捧，从而使得苹果公司在当时的 IT 界确立了自己的位置。

1977 年，AppleII 一经面世，销量就高达数百万台，AppleII 成了苹果公司第一款畅销产品。同时，AppleII 也成就了广义上的 PC 市场，一时间，它吸引了很多厂商的关注。凭借着 AppleII 的巨大成功，仅仅过了五年，苹果公司就正式上市了，在上市第一天，苹果公司的股票价格就上涨了近32%，公司市值为17.78亿美元。

可以说，那时的苹果公司就像是一颗冉冉升起的新星，处处显示着它蓬勃的生命力和强大的竞争力。然而，世界上任何一个公司在其发展过程中都是经历过挫败的，它们会在竞争对手的强烈冲击下，一时处于下风。苹果公司也是如此。

就在苹果公司正沉浸在个人电脑成功的喜悦中时，它的竞争对手出现了。这个竞争对手就是微软和IBM联盟。

微软公司创建于1975年，是一个靠软件起家的公司。在微软成立初期，公司主要是靠盖茨和他的伙伴一起开发的BASIC语言赢得市场的。BASIC语言在PC销量快速增长的时代是不可缺乏的。所有拥有PC的用户必须要通过这些软件来运行电脑，一个没有软件的电脑就等同于一个摆设。

而就在1980年苹果上市之际，计算机巨头IBM也宣布正式进入PC市场。众所周知，和苹果公司比起来，IBM不仅历史悠久，而且实力雄厚。

IBM公司早在二战期间就已经开始了计算机的研制。

1944年，IBM公司的四名工程师和当时海军军械局的工作人员成功地研制了著名的"Mark I"计算机。1947年，IBM又推出了"选择顺序控制计算机"（SSEC）。50年代初，IBM又着手研制了著名的"国防计算机"，也就是后来改称IBM701的大型机。

伴随着701大型机的成功，IBM正式走上了研制电脑的快车道：1954年，公司推出了适用于会计系统的IBM702大型电脑，随后又相继推出了IBM704、IBM705型电脑，销售数达到250多台。1954年，公司又推出了

IBM650 中型商业电脑,这台电脑不仅性能优越,价格还十分便宜,赢得了很多用户的青睐,销售量多达上千台。

而到了 1964 年,IBM 在电脑领域的成功又获得了一个巨大的突破,在这一年,公司推出了 360 系列电脑。IBM360 标志着第三代电脑正式登上了历史舞台。这款电脑被业界认为是一款划时代产品。5 年之内,IBM360 共售出 32300 台,创造了电脑销售中的奇迹,成为人们最喜爱的计算机。这款电脑的成功为 IBM 公司带来了巨额利润。到 1966 年底,IBM 公司年收入超过了 40 亿美元,纯利润高达 10 亿美元,跃升到美国 10 大公司行列,IBM 因此确立了自己在世界电脑市场的统治地位。

到了 70 年代末,以苹果公司为代表的"车库"公司,开始在微型电脑领域崭露头角,这让一直以生产大型电脑著称的 IBM 深感懊恼。这是 IBM 高管十分不想看到的。为了和苹果公司争夺微型电脑市场,IBM 公司决定行动起来。

在经过一番商讨之后,IBM 公司成立了一个研发小组,开始着手研发 IBM PC。在经过一年多的努力后,IBM PC 正式研制成功。随后,IBM 公司和以设计电脑软件为生的微软签署了合作协议,决定在这款电脑上装配微软设计的软件。

IBM PC 的出现对于苹果公司的电脑产生了巨大威胁。在 IBM PC 面世后,全世界各地的电子电脑厂商争相转产 PC 机。在风光无限的 IBM PC 面前,苹果的电脑显得有些相形见绌。

正所谓"福无双至,祸不单行",就在苹果公司遭受 IBM 和微软公司的联合绞杀时,苹果公司内部也开始变得矛盾重重起来,最终在 1985 年,乔布斯被逐出了苹果。

　　没有乔布斯的苹果，似乎在激烈地竞争中显得更加力不从心了。而苹果公司的内斗无疑是给了微软和 IBM 趁虚而入的机会。就在乔布斯离开苹果的同一年，微软推出了新的 Windows 操作系统，这是当时继苹果之后的第二款拥有 UI 界面的系统。凭借着强大的软件设计优势，微软开始与除 IBM 之外越来越多 PC 厂商合作，这些厂商包括惠普、戴尔、联想、宏基、索尼……可以说，此时的 PC 市场已经正式进入微软时代。除了 Windows3.X、Windows95、Windows98、Windows2000、WindowsXP、Windows 2008、WindowsVista、Windows7 这一系列功勋卓著的操作系统产品，微软还在企业办公、互动娱乐等多个领域占据了至关重要的位置，微软成为了世界上最大的软件公司。

　　可以说，在这场激烈地 PC 竞争中，苹果公司彻底处于下风。这种弱势一直持续到了 2005 年。

　　多年来的弱势表现，甚至使得苹果公司内部也已经承认公司的 PC 业务已是明日黄花。苹果公司甚至多次对外公开承认，其旗下个人电脑业务正面临巨大的压力，并且导致了总体产品利润率的下滑。

　　在 PC 桌面系统上，微软 Windows 系列产品无疑问是"老大"，尽管苹果的 Mac 界面非常酷，但是受到硬件平台限制因素，无法得到普通 PC 用户的青睐。

　　而随着个人电脑市场价格战一再上演，对于苹果公司来说，要想使得 PC 业务重回巅峰，其难度可想而知。一次，苹果公司在报告中称："在过去几年中，由于销售 Windows 和 Linux 电脑的竞争对手大幅度降低价格，PC 和外设市场的价格竞争日益激烈。"

　　然而苹果公司真的会心甘情愿地接受这一现状吗？事实绝非如此。这种失败不仅乔布斯无法接受，身为公司首先运营官的蒂姆·库克也无法接受。重振苹果 PC 业务一直被库克当成是自己的工作目标。作为乔布斯的得力助手，库克在自己主管在电脑生产部门采取了一系列旨在重回巅峰的行动。

2007 年 8 月，就在苹果公司开足马力在全世界范围内推广它的 iPhone 手机时，却出现了一个令人震惊的事情，苹果公司最火爆的业务却并不是 iPhone 手机，而是它的个人电脑业务。

在截至 6 月底的财季中，苹果的电脑业务已经成为公司营收最重要的组成部分。而更为重要的是，据市场调研公司 IDC 的统计，苹果公司在长时间的徘徊之后，终于再次突破了 5%市场份额这一大关。

而据有关统计称，从去年秋季开始，苹果公司的电脑业务就已经呈现出了快速增长的势头。其销售的增长速度比整个 PC 产业的增长速度快了两倍多。到 2007 年第二季度，苹果已成为仅次于戴尔和惠普的美国第三大 PC 制造商。

无疑，苹果公司已经用它的实际行动告诉人们，苹果公司并没有试图放弃它的个人电脑业务。尤其是在库克看来，苹果公司本就是一个以研制电脑发家的公司，虽然这个业务在过去曾遭受过挫折，但公司绝不会放弃努力。

而苹果公司的个人电脑业务之所以能在 2007 年卷土重来，这跟库克一直以来所采取的策略息息相关。

库克一到苹果公司，就对苹果公司个人电脑业务在过去几十年里的发展情况做了一个详细的研究。

在他看来，苹果的个人电脑业务之所以会从一开始的狂飙式发展沦落到"曲高和寡"的地步，有其深刻的原因。

首先，他认为苹果个人电脑业务是成也创新，败也创新。在库克看来，虽然苹果公司曾因标新立异而力压 IBM、HP 等传统巨头，在世界 IT 市场上风光一时，但苹果的问题却恰恰出在创新上。他认为公司的创新并不是一种良性创新，其创新没有任何针对性，只是为了创新而创新而已。这样的创新不仅不能使创新理念转化为产品最终打入市场，赢得消费者，还会增加成本。

由于成本过高，使得苹果公司的个人电脑价格往往要高于其他竞争者。1984 年，Macintosh 电脑首次上市时的价格是 2500 美元。以今天的价格计算，约高达 4300 美元。如此高昂的价格是普通消费者根本无法承担的。

可以说，在很长一段时间里，尤其是乔布斯离开的那 12 年里，苹果的创新方向一直处于非受控状态。产品线的无原则膨胀，最终导致苹果的个人电脑业务一直在走下坡路。

库克认为，创新只有和市场需求紧密地结合起来才能够赢得消费者的青睐，进而才能在个人电脑市场上走得更稳，更远。

在对消费者进行了充分地研究之后，库克发现对于很多消费者来说，功能多的产品并不具有强大的吸引力，因为很多时候，他们并不会用到这些功能。绝大部分消费者需要的只是一个操作简单，外形简洁的产品。

在乔布斯和所有苹果高层眼里，库克是一个十分具有战略眼光的人，对于整个世界 IT 市场，他有着独到的观察。他认为苹果公司要想在个人电脑业务上有所发展，就必须将客户目标群定在那些普通消费者身上，而不应该涉足企业服务市场。和企业服务市场比起来，普通消费者的市场无疑是巨大的,如果能够用苹果的个人电脑征服全世界的普通消费者的话,苹果的个人电脑就一定能瓜分大部分世界 PC 市场上的份额。

为此,库克曾多次在苹果公司的高层会议上阐述自己的观点,他思路清晰,态度坚决。他对所有与会者这样说道:"我们应该把个人电脑的消费群体集中在个人消费者和学生当中,这些用户在购买产品时根本不需要考虑员工问题。"

最终在他的一番苦口婆心下,苹果高层接纳了他的建议,将公司一直坚持的竞争策略做了调整,将客户目标群定位在了普通消费者身上。

1998 年 8 月,在重新定位了研发理念后,苹果公司正式推出了 iMac 产品。这款产品对于苹果公司来说具有着革命性的意义。随后根据对消费者的了解,公司在 1999 年又推出了红、黄、蓝、绿、紫五种水果颜色的 i-Mac 产品系列。这个系列的产品一经问世就获得了巨大的成功,据统计,产品在上市三年后,共出售了 500 万台。

其次,库克意识到了"技术壁垒"对苹果个人电脑的消极影响。

一直以来,苹果公司在技术方面一直处于一种自我封闭的状态。这使得苹果公司在激烈的市场竞争中总是处于下风。

例如,在一开始,苹果的 iPod 只支持 Mac 系统,由 iTunes 程序从 CD 中拷贝音乐并上传到 iPod 上。虽然 iPod 一直销量不错,但可以肯定的是,如果这款产品在运用当中没有那么多限制的话,肯定会买得更好。

如何才能彻底打破这种封闭状态呢?此时,心明眼亮的库克便想到了自己的宿敌——微软。经过一番谈判之后,苹果公司和微软最终达成了战略性全面交叉授权协议。苹果公司从此允许自己的个人电脑配置微软的软件。

这此协议签署之后，2002 年的 6 月，苹果公司便推出了能够连接 PC 的"Windows 版 iPod"。从此 iPod 不再是服务苹果个人电脑消费者的"配件"，而是面向全新市场的主流产品。事实证明，库克的想法是十分明智的。iPod 因为突破了 Mac 系统的限制，赢得了广大 Windows 消费者的青睐，一度低迷的市场表现就此被彻底扭转。

就在苹果公司上上下下为这次成功欢欣鼓舞时，库克又有了一个新想法，他建议乔布斯将这种开放式的战略继续向电脑领域延伸。

此时，库克又想到了当时全球最大的半导体芯片制造商——英特尔公司。这是一家创建于 1968 年的公司，经过多年的发展，英特尔公司所生产的中央处理器可以说是全世界的 IT 界都是炙手可热的。那么这个中央处理器到底是什么东西呢？它是计算机中最重要的一个部分，由运算器和控制器组成。如果把计算机比作一个人，那么 CPU 就是他的心脏。人如果没有心脏，就不能存活；电脑如果没有中央处理器，就无法运行。

作为全球最大的芯片制造商，在过去几十年的发展中，英特尔的产品已经对整个 IT 业产生了重大影响。

而在此之前，苹果公司一直在与 IBM 公司合作，采用的是 IBM 公司和摩托罗拉公司共同开发的生产的 PowerPC 架构。对于这款 PowerPC，乔布斯和公司其他高层都深以为傲。乔布斯曾对很多人说 PowerPC 在性能上要远胜于 WindowsPC 所采用的处理器，他甚至将部分型号的 Mac 计算机同超级计算机相提并论。

在库克看来这显然有些过于自信了。摩托罗拉供应的 G4 处理器的性能在当时并不是最强的，它的提升相对缓慢。而 IBM 的 PowerMacG5 处理器也并没有像他们当初所承诺的那样，将 Mac 计算机的主频提升至

3GHz。此外，IBM 的 PowerMacG5 处理器的供货一直不及时，而且由于其散热和功耗的问题，而无法用于笔记本电脑。

于是在库克的坚持之下，苹果公司在 2005 年的 6 月，最终放弃了和 IBM 的合作，转而与英特尔公司签署了合作协议。

苹果公司对外宣布苹果将从 2006 年 6 月开始销售基于英特尔处理器的 Mac 计算机，到 2007 年底所有的苹果计算机产品都将转向英特尔处理器。

这次与英特尔的联手，使得苹果公司彻底摆脱了长期以来 Wintel 联盟的制约，同时也使得苹果公司从此驶离了技术孤岛，为其在将来打造一个全新的 PC 世界奠定了坚实的基础。事实证明通过这次强强联手，苹果公司确实收到了成效，其个人电脑销量不断攀升。

而在一向对市场有深刻洞察力的库克眼里，苹果的个人电脑之所以屡次受挫，还有一个重要原因，就是其高昂的销售价格。

在经过一番详细的市场调查之后，库克得出一个结论，那就是苹果个人电脑高昂的价格让很多消费者望而却步。这个结果让库克顿时意识到了问题的严重性。他认为如果苹果公司不能适当调低价格的话，那么无论产品性能如何抢眼，也不会吸引到广大消费者。其市场份额，一定会被其他竞争者瓜分。

在这种情况下，库克和乔布斯进行了一次长谈。在谈话中，库克跟乔布斯提出了调低价格策略。乔布斯一向对库克的建议信任有加，很快他就做出了降价的决定。

苹果个人电脑的第一次降价发生在 2003 年。在这一年，苹果的 PowerMacG4 台式机最大降幅达 500 美元，XServe 服务器也降了 200 美元；到了年底,苹果再一次调整电脑全线产品价格,在中国市场上最大降幅高达2000元人民币。其中,配置 PowerPCG4 处理器的 iBook 笔记本电脑,在内置 Combo 光驱、ATiMobilityRadeon9200 显卡的情况下,价格仅 10900 元。不得不说,这样的举动在苹果公司的历史上是极为罕见的。

两年之后,苹果又推出了一款名为 iPodshuffle 的新产品,这是一款大众化的产品,价格更低,每台仅卖 99 美元。如此低价使得这款产品一经面世就吸引了众多消费者前去购买。也正是因为这样的低价,使得苹果公司得以和其竞争对手索尼公司进行抗衡。

乔布斯曾说:"现在,苹果电脑不仅面向小众人群,它需要更多的人去关心。"这也正是身为公司首席运营官的库克所要说的话。

根据一个调查公司的研究,到了 2007 年,苹果公司个人电脑的市场份额已经超过了 10%,而仅仅在一年以前,苹果公司在电脑市场上的份额还不到 2%。特别是苹果公司后来推出的 MacBook 笔记本在笔记本电脑市场上的份额已经接近了 15%。凭借着这一数据,苹果 MacBook 已经坐上了笔记本市场的"第四把交椅",紧紧跟在惠普、东芝和 Gateway 之后。

一直以来,苹果电脑的硬件已日臻完善,被众多消费者奉为经典。正是因为其过硬的硬件实力,使得苹果公司在重返电脑市场后,其市场份额出现了不断增长的局面。

在库克和乔布斯地共同执掌下,苹果公司在重回个人电脑的几年时间里创造出了一系列拥有绚丽外表的 iMac 电脑。他们甚至还将电脑主机融合进了显示器中,还发布了小巧的 Macmini,并且迁移到了英特尔芯片硬件构架之上。

对于这样的结果,库克还是满意的,但在他看来,苹果电脑还存在继续完善的空间。这个空间就是苹果电脑的软件领域。库克认为要想让苹果个人电脑吸引到更多的消费者，那么苹果公司的软件就一定要在业内保持领先地位。

库克认为苹果电脑要想击败所有竞争对手，光有硬件是不够的，还必须要逐步完善电脑的操作系统和个人应用程序。和之前一样，库克的这一想法依旧和乔布斯的想法不谋而合。于是在接下来的一段时间里，苹果公司专门组成了一个强大的软件设计团队，专门负责攻克软件难关。努力最终有了回报，苹果公司的软件产品发生了巨大的变化。它们凭借其卓越的图形化使用体验和绚丽的外表赢得了无数用户的"芳心"。

用库克的话说："我们就是要不断颠覆电脑的图形界面，向消费者推出操作系统和应用软件，来使 PC 发挥出其作为通讯性、创新性和娱乐性设备的最大潜质。"在他的建议下，苹果公司给所有从事软件的人员定下了一个规矩，那就是每年要让自己的软件通过在线途径轻松地被更新，以进一步改善其性能。

事实证明库克的想法是正确的。当苹果公司靠着优秀的硬件设备和近于完美的软件系统重回个人电脑市场时，迎接他们的是一涨再涨的市场份额以及竞争对手无奈的眼神。

对于那些苹果公司曾经的竞争对手来说，苹果电脑的强势回归，让它们显得有些无所适从。在库克和乔布斯共同制定地一系列具有战略意义的决策的冲击之下，曾经的 IT 巨头惠普公司成了第一个向苹果公司"交枪"的竞争者。

2011 年的 8 月，惠普公司宣布将其个人电脑业务部出售或分拆为独立新公司。当所有关注惠普公司的人在得知这一消息后，似乎并没有显现出有多惊诧，相反，在他们看来，这样的决定其实是明智的。原因就是面对苹果公司 MAC、iPad 等产品的竞争，惠普公司已经毫无招架之力。数据显示，苹果哪个季度各种电脑的销量达 1360 万台，而惠普仅为 970 万台。

而据某调研公司发布的报告显示，算上 iPad 平板电脑，苹果公司在 2011 年四季度已经超越了惠普，而成为了全球最大的 PC 厂商。

就在这年的 9 月，据国外媒体报道，美国顾客满意度指数报告称，苹果 Mac 连续第八年荣膺顾客最满意个人电脑产品称号。

ACSI 素以分析顾客对电子产品的满意度著称。其表示，苹果 Mac 的顾客满意度指数为 87 分。相较上年，Mac 满意度指数提高了 1 个百分点，比 1998 年更是提高了 18%。值得一提的是，87 分是自 1995 年以来 ACSI 评出的最高分数。

ACSI 创始人在一份声明中表示：“8 年来，苹果个人电脑的顾客满意度一直处于领先地位，期间苹果的股价上涨了 2300%。苹果公司将产品创新和产品多元化紧密结合在一起，这使其一直领先于竞争对手。”

2011 年，全球消费者满意度调研公司 J.D.Power 公布 2011 年美国无线手机顾客满意度调查报告，苹果再次蝉联榜单之首，苹果已连续第 6 年获得 J.D.Power 的最高满意度评价。通过向顾客提供最佳的网络零售体验，苹果因此屡获殊荣。市场研究公司 ForeSeeResults 去年发布的研究报告称，苹果顾客满意度积分为 82 分。在 ACSI 公布的榜单中，惠普位居苹果之后，顾客满意度指数为 78。

苹果公司个人电脑业务用如此引人注目的成功再一次向人们展示了苹果公司超强的竞争力。而这样的成功应该归功于身为公司首席运营官的库克。

第七节　他让 iPod 风靡一时

在苹果公司众多明星级产品中,iPod 因其辉煌的成功,一直占据着当今数字音乐领域牢不可摧的霸主地位。

iPod 到底是个什么东西呢?iPod 是一种大容量 MP3 播放器,其采用的是 Toshiba 出品的 1.8 英寸盘片硬盘作为存储介质,容量高达 10~160GB,可存放 2500~10000 首与 CD 质量比肩的 MP3 音乐。同时,它还有完善的管理程序和创新的操作方式,外观创意十分独特。而除了 MP3 播放外,iPod 还可作为高速移动硬盘使用,它可以显示联系人、日历和任务,以及阅读纯文本电子书和聆听 Audible 的有声电子书以及播客。从第一代 iPod 推出,时至今日,iPod 已经经历了五代更替。

第一代 iPod 于 2001 年 10 月 23 日正式发布,容量为 5GB。一年之后,苹果公司又推出了 10GB 版本的 iPod。10GiPod 新增了 20 种均衡器设置,iPod 使用带宽达 400Mbps 的 IEEE1394 接口进行传输,同时配合 Mac 操作系统上的 iTunes 进行管理。

iPod 与众不同的外观设计以及它独特而又富有人性化的操作方式,为 MP3 播放器带来了全新的思路,它一经推出就引起了巨大的轰动。

第二代 iPod 发布于 2002 年 6 月 17 日,和第一代 iPod 不同的是,它能够支持 Windows 操作系统的"Windows 版 iPod",同时还增加了 20G 版本的 iPod,。

第三代 iPod 发布于 2003 年 4 月 28 日,它是 iPod 家族成员中变化最大的一代。完全采用了触摸式操作。

2004 年 1 月,苹果公司进入"微型"数码音乐播放器市场,正式发布了 iPodmini。

第四代 iPod 发布于 2004 年 7 月 19 日。这款 iPod 沿用了原本在 iPodmini 上的"ClickWheel"操纵设计。"播放"等按钮又改回机械式的开关。

2004 年 10 月 28 日, 苹果公司推出了 iPodphoto。2005 年 9 月 7 日, 苹果公司发布了限定版的哈利·波特四代 iPod,在背面用激光蚀刻霍格华兹标志。

2005 年 2 月,第二代的 iPodmini 投入市场,并带有新的 6GB 型号和升级的 4GB 版本。

2005 年 10 月 12 日,苹果宣布第五代 iPod 诞生,它具有播放 MPEG-4 和 H.264 影片的功能。

2005 年 1 月 11 日,苹果公司发布 iPodshuffle。iPodshuffle 首次使用闪存作为储存媒介的机种。其包括两种型号:512MB(存 120 首以 128kbit/s 编码的 4 分钟歌曲)和 1GB(存 240 首歌)。与其他 iPod 型号不同的是, iPodshuffle 不能播放 AppleLossless 和 AIFF 编码的音乐文件,因为它所使用的 SigmaTel 处理器不支持。

iPodshuffle 没有屏幕,也因此只有有限的选项在音乐间导航。用户可以在 iTunes 中设定播放顺序或使用随机(shuffle)的顺序播放。用户可以设置在每次连接 iTunes 时,把音乐库随机填充到 iPodshuffle 里。iPodshuffle 重量只有 22 克大小比一包口香糖略小。

与系列其他的产品类似,iPodshuffle 也可以作为 USB 大容量储存设备使用，类似 U 盘。

2005 年 9 月 7 日，苹果发布了 iPodmini 的继任者——iPodnano。iPodnano 厚度仅为 0.27 英寸，重量为 1.5 盎司。和旧版 iPodmini 不同的是，iPodnano 在 iPod 操作系统中增加了多项新功能，其中包括新增的世界时钟、秒表和屏幕锁功能。在世界时钟里，用户可以为世界上的城市设置时间，并为每个时区设定闹钟。时钟可以自动调整夏令时。秒表功能允许用户在点击按键是开始计时，点击另一个按键就停止。还有一个按键计算单独的圈。nano 能保存用户用秒表记录的多个时间，让用户可以对比不同的时间。屏幕锁功能让用户为他们的 iPod 设置 4 位数字的密码，当屏幕锁被启动时，唯一能按的是前进和后退键。音量控制用来输入密码的数字。

2007 年 9 月 5 日，iPodTouch 问世。iPodtouch 被称为是 iPhone 的精简版，但造型却更加轻薄。iPodtouch 的推出改变了人们传统的娱乐方式。

回顾 iPod 的历史，我们会发现 iPod 诞生于苹果公司极其困难的时期。在它尚未出现时，苹果公司的经营状况一度十分惨淡。2001 年 1 月，由于经济下滑以及设备销量下降，苹果公司整整损失了 1.95 亿美元。

此时，库克已经被乔布斯招至麾下，面对苹果艰难的处境，乔布斯和库克深感忧虑，同时他们也意识到应该立即采取行动，扭转颓势。

经过深思熟虑之后两人决定开始涉足个人音乐领域。在经过长时间的研发之后，iPod 终于面世了。令人意想不到的是，iPod 在面世之后立马获得了巨大的成功。伴随着世界各地的消费者为之疯狂，iPod 的销量一再创下新高。

在 iPod 之前，没有人会想到就是这样一个小小的 MP3 居然能让人如此疯狂。然而事实上，iPod 真的做到了。如果你站在纽约麦迪逊大街上，你会看到熙来攘往的人群中，几乎每人都戴着一副白色的耳机；如果你去健身房，你同意也会发现几乎所有人也在用它听音乐；如果你去任何一个大学校园，情况会更加让人吃惊。可以说，在美国人的生活中，iPod 已经变得无所不在了。

不仅如此，iPod 也已经成了众多名流大腕的首选。有人曾做过统计，在美国有 3/4 的名人口袋里都揣着 iPod。比如威尔·史密斯、格温妮斯·帕尔特罗、贝克汉姆、卡尔·拉格菲尔德，甚至包括美国总统都已经成了这一时尚玩物的"俘虏"。

而更让人感觉不可思议的是，iPod 不仅是在美国广受欢迎，它可以说是"遍地开花"。欧洲、日本、中国、东南亚、南美等世界的每一个角落，都可以看到 iPod 的身影。就连年事已高的英国女王，也是它的忠实拥趸。

其实，如果光从功能上讲，苹果的 iPod 似乎也并没有什么不可超越的优势。很多竞争品牌和它比起来，硬盘空间更大，功能也更多，而且电池的维持时间也更长。但让人不解的是，即便如此，人们还是对 iPod 热忱不减。

有人要问："为什么 iPod 会如此成功呢？" 其实这跟库克为之谋划的营销策略有关。

苹果的营销策略有一个最大的特点，那就是擅长"文化攻心"。这一招常常会带来出其不意的效果，让所有迷恋苹果产品的人如宗教徒一样对苹果的产品保持着宗教般的热情。

为了做好 iPod 的营销，库克花了很多心思。他崇尚以品牌文化引导消费，他一再提倡要打造一种创造性和叛逆性共存的品牌文化。

上市短短三年的时间里,iPod 这个香烟盒大小的数码音乐播放器早已超越了其作为消费品本身的意义,而成为了一个偶像、一个宠物、一个身份的标志,演绎成一种新的文化象征。这是库克最希望看到的。

从前,大多数美国学生都把喝啤酒看成是最 in 的事,但有一份调查表明,自苹果公司推出 iPod 之后,大学生们便把使用 iPod 看成了最 in 的事。像如此改变美国学生观念的事,多年来只发生过一次,那就是在 1997 年,互联网刚刚出现时。

不仅是在校园里,很多美国的酒店也都把关注点放在了 iPod 身上。他们深知 iPod 的受欢迎程度,为了吸引顾客,扩大入住率,很多酒店甚至专门在每间客房里为下榻的来宾配置了 iPod 音乐小酒吧;也有的酒店还为每位客人准备了预装有 2000 首流行歌曲的 iPod。

库克深知电影对于苹果产品的宣传功效,所以在 iPod 风靡全球之际,他又把 iPod 放进了各大美国热播影片中。比如《刀锋战士》《世界之战》等等。

可以说,在扩大 iPod 的影响力上,库克要"贪婪"得多。

2004 年,在库克的带领下,苹果公司和宝马公司首次坐在了谈判桌上,他们要就联合广告事宜,进行协商。最终双方达成了合作协议,即:苹果将为宝马提供一款重 175.7 克,容量为 40GB 的 iPod。这样一来,宝马车的车主们就可以不用随车携带一大堆沉重的 CD 光盘了。而由于宝马车采用了新的接口,MINI 的方向盘也可以发挥 iPod 上"点击式转盘"的功能,也就是说可以通过多功能方向盘上的按钮选择歌曲。

这样的奇思妙想也只有库克想得出来。不得不说,这是一个梦幻组,它们一个是灵活敏捷的英国轿车,一个是可将 10000 首歌曲放进您口袋的数字音乐播放器。这两个在各自领域都曾引起轰动的产品组合在一起，简直就是一场迄今为止最伟大的真实秀。

MINI 车上的接口可以连接苹果公司的 iPod3G、4G 和 iPodmini。该设备包括接口、MINI 收音机的连接线、iPod 及操作指南。其接口适用于装备 RadioBoost 的所有 MINICooper 和 MINICooper 敞篷车。和以前一样，iPod 仅由苹果公司直接提供。

MINI 车上的接口支持 iPod 的所有功能，并通过多功能方向盘和 MINIRadioBoost 进行控制。和其他任何音响设备一样，声音通过 MINI 车内的音响系统进行播放。在播放同时，iPod 可以通过车载网络进行充电。在装备 CD 换碟机的车上，iPod 可以在断开 CD 机后进行操作。

而在时隔六年之后，宝马车再一次和苹果公司走到了一起，这次它们谈判的内容则是宝马新款车型将提供对苹果 ios4 的支持。其包括音乐播放器 iPodtouch，以及苹果手机 iPhone3G，iPhone3GS，和最新款发布的 i-Phone4 代。

数字娱乐产品和汽车产品的组合这一模式在大获成功之后，很多其他汽车制造商也纷纷向苹果公司抛出了橄榄枝，试图想通过和苹果产品的合作，打造他们的个性化汽车产品，以满足更多消费者的个性化诉求。

此外，iPod 配件也从外接扬声器、麦克风，到设计了 iPod 专用衣兜的名牌滑雪衫、西服，应有尽有。许多厂家竟然为了争做 iPod 保护套的生意而打得不可开交。此后，又相继出了"一个小孩一台 iPod 的教育政策"以及给婴幼儿使用的 iPod 配件。

总之，库克之所以做这些，其唯一的目的就是要把 iPod 的影响力渗透到人们生活中去,要让其成为一种时尚生活方式的象征。

不得不说,库克的"攻心策略"做得非常成功,当一个品牌已经成为了宗教,你还想再奢求什么呢?

iPod 之所以能成功,关键在其独特的营销策略。

在 MP3 播放器领域,苹果的 iPod 并不是第一个进入大众视线的播放器。在它之前,市场上已经出现了很多款 MP3 播放器。不过,身为"后辈"的 iPod 却最终在人们心中留下了不可磨灭的印记,它的出现催熟了整个市场。这样的成功自然离不开 iPod 的营销方式。而这种营销方式的幕后推手正是库克。

一直以来,在众多广告中,苹果产品的广告是最富个性和特点的。很多人在第一眼看到苹果明亮背景上剪影广告时都会感觉摸不着头脑,不知道它到底是个什么东西。和那些总是迷恋美女、婴儿、动物的传统广告比起来,苹果的这则剪影广告可谓是大胆出位,异常特别。同时,它也不像其他的广告那样有着明确的诉求,它所要做的就是要向消费者传播一个概念:"音乐无处不在"。

库克认为,iPod 的广告无需向消费者明确地传达自己的市场定位,也无需刻意强调自己的品质和专业,它的任务只有一个,那就是传达生活本身。硬生生地直接向消费者灌输自己的品牌或产品,绝不是苹果公司会干的事。

这则出位的剪影广告最终获得了极佳的效果,并在 2004 年年底,获得了由美国出版协会颁发的凯利大奖。

对此,库克说:"任何产品在做广告时,都费尽心思想要消费者了解产品的特性,但我们在做广告时,从不喜欢大声宣传,广告的目标人群看似较小,其实却蕴含着最大的商机。”

把音乐商店 iTunes 与 iPod 捆绑在一起进行销售,也是库克的“杰作”。可以说,iPod 之所以获得巨大的成功,iTunes 音乐在线商店功不可没。

“iTunes 音乐商店”自 2003 年 4 月被正式推出,此后便一直在这一市场上独领风骚。这种商店同时兼容微软的视窗以及 Mac 操作系统。由于 iTunes 音乐在线商店的简单便捷,使得它受到了无数用户的青睐。

作为硬盘播放器,iPod 是第一个能够为广大用户提供合法音乐下载的产品。而在 iPod 推出之前,唱片公司一直在为盗版问题头痛不已。这让库克看到了和唱片公司合作的机会。于是,他立即与各大唱片公司取得了联系,并就音乐版权问题进行了谈判,最终苹果公司获得了唱片公司的授权,得以开始在 iTunes 音乐在线商店上出售多达数百万首的歌曲。此次联合,使得 iPod 从此成了正版在线音乐的平台。

库克的这种捆绑销售策略效果十分明显,据统计,当时,它几乎占据了美国合法音乐下载市场近 70%的份额。大多数歌曲在欧洲卖 0.99 欧元,在美国卖 0.99 美元。到 2005 年 1 月,iTunes 共卖出了 2.3 亿首歌曲。

可以说在产品营销上,库克的脑筋转得极快。在和 iTunes 音乐在线商店进行捆绑之后,库克又把目标指向了当时著名的 U2 乐队。他想通过与这个乐队的合作,来传达一种音乐理念,进而强调苹果非商业性的品牌形象。

2004 年 10 月,苹果公司为推广 iPod 音乐播放器广告,特地邀请 U2 乐队在圣何塞的一个大型歌剧院现场演唱了爱尔兰流行乐风格的乐曲“Vertigo”。

U2 乐队的首席歌手 Bono 事后表示，他们拒绝了 2300 万美元的在其他商品中使用自己音乐的出价，他们没有向苹果电脑收取一分钱的广告费用。不久之后，苹果公司便趁热推出了一款红黑款的 U2 版本 iPod。

大名鼎鼎的 U2 乐队是一个典型的创作型乐队，这个乐队自创立以来一直以特立独行著称于世。他们总是我行我素，从不像很多其他乐队一样去为某家公司拍广告。库克十分欣赏这个乐队，他认为这个乐队更像是一个纯粹的乐队，而不是一个商业组合。

这次合作再一次大获成功，借着 U2 在欧洲和美国的巨大影响力，iPod 再次强调了自己的音乐理念和非商业性。

库克不是一个能够被成功捆绑住的人，随着 iPod 的销量不断上升，他又开始行动了。

不久之后，苹果公司就与惠普公司建立了战略合作关系。很快，惠普就推出了惠普版的 iPod。惠普的加入将有利于扩大 iPod 的流通渠道，库克认为这是音乐服务走向普通用户的必经之路。

此外，库克在 2005 年以后，还把 iPod 广告从各时尚杂志扩展到了电视、地铁站、公交车站等曝光率更高的地方。

有人说没有库克，就不会有 iPod 的成功。这话毫无夸张。在库克在精心策划下，iPod 仅推出了三年，就打造了一个市场营销的神话，它一度占领了七成以上的数字音乐市场，数额超过苹果个人电脑总和，构成了苹果公司利润增长的主力。

到 2004 年 1 月，iPod 成为美国最受欢迎的数码音乐播放器，占领了 50% 的市场份额。到 2004 年 10 月，iPod 基本上统治了美国的数码音乐播放器的销售，拥有超过 92% 的硬盘播放器和超过 65% 的所有类型播放器的市场。iPod 以极高的速率销售,在三年时间内总共销售了超过一千万台。

iPod 近年来的热卖风潮及外围商品的带动热销,让苹果推出的每款 MP3 播放器的动向成为全球性指标。

第八节　他把 iPad 推向了神坛

iPad 是苹果公司在 2010 年推出的一款电子产品,其在欧美国家被称为是"网络阅读器",在国内被叫做"平板电脑"。

iPad 自 2010 年发布之后,截止到目前为止,共经历了三代。分别为:iPad1(该款 iPad 于 2010 年 1 月 27 日,在美国旧金山芳草地艺术中心所举行的苹果公司发布会上正式发布。)

iPad2 于 2011 年 9 月 22 日,苹果中国方面正式宣布。

而 ThenewiPad 则发布于 2012 年的 3 月 8 日。当时,苹果中国官网信息,苹果第三代 iPad 定名为"全新 iPad"。

iPad 具备很多功能,比如查询航班信息、处理办公文件、GPS 导航、订餐、查询当日影讯、上网、弹钢琴、画画、处理图片、做记事本、看电影、听音乐、弹吉它、图书馆、做翻译、游戏、下棋等等。

可以说,这款产品是带着所有人的期待被推出来的。而事实上,它也没辜负任何人的期望。

它的出现在风靡全球的同时,也极大地改变了人们对于原有生活的认知。

TabToolkit 是 iPad 具备的一个功能强大的吉他六线谱与乐谱查看

器,它具有多音轨播放功能。其中包括一个音频合成引擎,可让用户逐一收听和控制所有音轨的音频。演奏练习工具还有重放节奏控制器、节拍器和六线谱上传下载管理器。适用于吉他的爱好者甚至专业的音乐家。虽然其在操作上,它看上去像是一把虚拟的吉他,但用户只需要像弹真吉他一样弹奏,就可以发出美妙的吉他声。iPad 所提供的这个功能,使得它成了很多吉他爱好者的宝贝。

iBook(掌上图书馆)更是一个能为用户提供阅读服务的最好的服务功能。用户在使用这项功能时,会有一种阅读纸质书籍的感觉。当用户点击进入 iBook 程序时,一个极具质感的木制虚拟书架就会自动显示出来。在程序的右上角,用户可以找得到书店按钮,点按一下,书架就会自动移开,为用户显示 iBookstore 的内容,用户可以在这里按照不同的方式寻找书籍,同时还可以看到读者评价,下载完成后即可阅读。

为了为用户提供更周到的服务,iBook 在用户体验上做了很多文章。它的设计者的设计理念就是要为用户提供一种“就像是对着一本纸质书一样”的感觉。在 iBook 上,几乎所有的阅读工作都是靠双手完成的。同时,其高解像度的 LED 背光屏幕能让每一页看上去都十分完美,哪怕是在黑暗的环境中也能阅读。

在阅读格式上,iBook 采用的 EPUB 格式是目前全球最流行的开放电子书格式。其整合式结构可以让作者轻松制作出自己喜欢的书籍。现在,越来越多的读者开始转变为制作者,自发性地将他们所收集的书籍通过转换格式上传到网上与他人分享。对于广大阅读爱好者来说,功能如此完美的 iPad 怎能不会成为他们的最爱?

而 iPad 所提供的 Googlemap(全智能导航仪)更是为用户提供了方

便。很多人都碰到过这样的情况，早上去上班，有 A、B 两条路可供选择。但却不知道选择哪条路更节省时间，于是就只好选择其中之一试试。结果却发现之前的选择是错误的，于是就不得不返回去走 B 路。碰到这样的事，任谁都会郁闷至极。

这样的情况到底能不能解决呢？iPad 所提供的全智能导航仪就可以解决。用户只需在早上出门前，打开 Googlemap，在软件右上方的搜索栏里输入地址就可以找到相应的位置，而此时的路况信息也会及时显示出来。

办公软件是 iPad 专门为企业用户提供的一种功能。作为一款文档处理软件，Pages 非常好用，它跟微软公司 Windows 上的 Word 相似。用户可以通过这项功能，快速输入文字、调整字体大小、插入图片、表格、自定义形状、数据图等，还可以制作专业的工作文档。

numbers 是一个 Office 软件相似的制表软件，类似于 Excel。它在操作上充分发挥了 iPad 多点触控的优势，操作起来非常方便。numbers 内置了十几种专业的表格模板，无论是处理预算、制定旅行计划，还是给老板做一份详细的财务统计报表，都可以胜任，而且皮肤非常漂亮哦。

keynote 是 iPad 的一个制作幻灯片的工具，用户可以通过这一功能制作自己想要的幻灯片。和传统的幻灯片不同，keynote 显示是强制横向显示，这有助于它显示更多内容。在它的界面左侧，便是各个幻灯片的分页，点击即可切换。如果用户想插入一张图片，或是想改变方向的话，只需用两根手指旋转就可以了。

NotesPro 是一款专业的记事本工具，相对文档编辑来说要更加简单易用一些。该功能除了可以使用虚拟键盘输入规范字体的文字，还允许用户尽情地在页面上涂鸦；而且用户还可以随意调整画笔的粗细、颜色。同时，还可以插入图片、录音、PDF文件甚至是谷歌图书分页。

作为一款便签工具，stickit一改NotesPro专业严肃的风格，而采用了可爱的卡通界面。用户可将各个小便签钉在iPad这面墙上，还可以建立更多的便签，在这上面，所有待办事项都会一目了然，非常方便，甚至还可以直接放在扫描仪上扫描文件，充分发挥了"平板"功能。

此外，iPad还有很多让人耳目一新的附加工具。比如触摸笔。这是一款可以改变用户绘画方式的工具。苹果的设计者认为用户如果整天用手指摩擦屏幕会很不舒服，于是便发明了这款触摸笔，有了这款触摸笔，用户就可以随意画画了。iPad的触摸笔种类很多，有专门画画的水笔款式，也有细致的签字笔。

比如书架。虽然iBook可以为用户提供用高清电子屏阅读纸质书的乐趣，但如果用户长时间手捧iPad看书的话，难免会有疲劳之感。为了解决这个问题，苹果的设计者专门设计了一个配套书架。用户可以把iPad调整到最好的展示效果后，把iPad放在书架上，这样既可以轻松地阅读自己喜爱的图书，还可以把它当成理想的装饰物。

既然被视为一台平板电脑，那么就不能忽视声音的存在。时尚的VestalifeiPad瓢虫喇叭通过USB或4节AA电池供电，以扩大iPad的音量，如果你在家里玩着类似于极品飞车类型的游戏，那么震耳欲聋的汽车马达声一定会让你感觉身临其境。当然，并不是谁都能把这么大的喇叭带来带去的，飞利浦设计的喇叭基座FidelioD8550可以很好地与iPad融为一体。

除了直接通过D8550播放音乐与充电以外，iPad也能够通过蓝牙立体声技术与之连接，可以在玩游戏、看影片时有更棒的声音体验，而且有重低音以及环绕音场。

目前，iPad 上网主要有两种方式，一种是通过内置 3G 卡上网，国内的价格是 1200 元/15 个月，每月限制 1G 流量，当然 3G 版 iPad 价格也要高出许多。如果不需要随时随地上网，Wi-Fi 是不错的选择，只要是在有Wi-Fi 网络的地方，就可以同样享受到无线上网的乐趣。此时无线路由便是一个必要的装备。以华为设计的 E5 无线路由器为例，机身底部有一个MicroUSB 接口，通过它与 iPad 连接设置后，便可以搜索到 Wi-Fi 网络，同时它还可以建立 Wi-Fi 无线局域网，让周围的 Wi-Fi 设备实现网络资源共享。

对于全世界的"果粉"来说，能够买到 iPad 绝对是他们的福气。iPad自身所具备的这些功能使得它一面世就吸引了众多购买者。

有人说 iPad 是苹果公司所推出的最成功的一款产品，此话并非言过其实。然而，我们需要注意的是，iPad 的成功难道就仅仅靠它的这些优越的功能设计吗？也许，对于很多不了解苹果公司的人来说，他们只关注苹果公司又推出了什么产品，产品的功能如何，价钱如何。其实，苹果公司任何一款产品的成功，其背后都有着复杂的因素。

就拿 iPad 来说，它的成功绝不仅仅是其自身其强大功能的成功。可以设想，如果没有一个完整的供应链为其供货，iPad 将从何而来？如果 i-Pad 的营销不到位，它怎么可能会被全世界的"果粉"所知晓，并且奉若神明？而这些外人看不见的工作都是要有人做的。而负责 iPad 整体运营的人就是库克。

那么，iPad 生产供应链的体系是什么样的呢？如此复杂的工作关系，库克是怎么规划和调节的呢？

很多人都知道，苹果公司并不是一个生产型的公司，它是一个设计型的公司。它所设计出来的产品，全都是由其遍布世界各地的代工厂负责生产的。在我国，苹果公司最大的代工厂便是位于台湾的富士康公司。

到底什么是代工厂呢？代工厂即专门替他人生产产品的工厂，它们只负责把产品由零件组装为成品的环节，而没有设计产品的能力和销售渠道。消费者在任何产品上都看不到代工厂的影子。一直以来，人们对于代工厂都存在着偏见，认为代工厂是不讲技术含量的，事实并非如此。我们当然不能排除有一些生产质量较差的代工厂存在，但真正有实力的代工厂通常都是真正的生产专家和管理专家。

对于一向追求完美的库克来说，他十分清楚，要想生产出完美的产品，就必须要和那些真正有实力的代工厂进行合作。为此，寻找合适的合作代工厂就成了库克最重要的工作之一。

台湾富士康公司其在亚洲乃至是整个世界的制造业里，都占据着举足轻重的地位。作为一个老牌制造企业，多年来，富士康一直保持着和世界很多大型企业的合作。其表现也一直深受合作伙伴的赞许。它的代工速度和灵活性正是库克所看中的。于是，在库克的策划下，苹果公司向富士康伸出了橄榄枝。而在苹果公司打算推出 iPad 时，富士康也就自然而然地成为了它的首选合作伙伴。

而对于苹果公司来说，其在世界各地代工厂的庞大的生产量，就使得公司必须要考虑成本问题。作为一个有着丰富运营经验的老手，库克明白，成本控制对于一个公司发展的重要性，要想确保公司盈利，就必须要时刻考虑公司的盈利与支出问题。对于苹果公司这样如此庞大的电子帝国来说,如果不能很好地控制成本,其每年的支出就会是一个极其庞大的数字。

所以,节省成本一直是库克选择代工工厂的一个重要标准。目前,世界各地存在着众多代工工厂,对于这些工厂,库克曾进行过大量地研究和调查。经过仔细分析之后发现,亚洲由于人口众多,劳动力密集,所以同亚洲的代工工厂合作就可以大大地节省人力成本。于是,富士康就成了库克的首选。

作为苹果公司的重要产品,iPad 的各种配件也是由很多上游的产业链生产出来的。作为一个科技含量极高的产品,库克很清楚 iPad 的每一个配件的质量对于 iPad 乃至整个苹果公司意味着什么。所以在选择上游的代工工厂时,库克更是慎之又慎。

熟悉 iPad 的人都知道,它的 IPS 屏幕技术含量非常高,所以必须要找到一个能够确保质量的供货商才行。经过仔细地筛选之后,库克最终选择了三星、LG 和夏普。这三家公司都是目前世界上最优秀的企业,它们在本领域内的生产能力是有目共睹的。大量事实证明,库克选择这些公司作为合作伙伴是正确的。

在选择了供货商之后,接下来就涉及到了管理和控制的问题。苹果公司在世界各地拥有者众多代工工厂,如何确保这些公司在苹果公司安排的轨道上正常运行,这是最考验库克的能力的。

一般来说,代工厂因其数量多,而且距离苹果公司本部较远,所以出现一些问题是正常的。但这是库克所不允许的,他不希望自己的供货商游离于自己的控制之外,各行其道。因为这对于庞大的苹果帝国来说绝不是一件好事。如果在哪一个环节管理不当,就会造成极其严重的后果。为了避免这样的事情发生，库克在管理上，一直对代工工厂采取强硬的姿态。

据统计，苹果在全球的代工工厂已多达150多个。要想和数量如此之多的代工工厂保持良好的合作关系，这是作为一个管理者必须要扛起来的责任，没有足够的智慧和魄力是万万不行的。然而，库克不仅扛了起来，而且还做得很好。

他始终强调对供货商的绝对控制。哪怕是像三星、LG这样的业界巨鳄，苹果公司也同样处于强势的地位。

库克很明白，对于任何一个供货商来说，如果只从它一家买货，就会使其对自己形成控制，特别是在很多供应商同时也是苹果的直接对手的情况下。鉴于此，库克始终秉持着"不把鸡蛋放在同一个篮子里"的原则。他的目的很简单，那就是绝不允许苹果公司被人掐住脖子。

在库克的管理下，苹果公司已经成了一个真正的采购专家。无论是原料还是机器，库克都会亲自过问，严格把守。

苹果公司向来不像其他公司那样，把订单交出去后，就静等供货商回货，而对供货商的生产环节不闻不问。对于库克来说，必须要严格把控供应链的每一个环节，才能确保产品的质量。

为了确保iPad配上超轻薄的外壳，库克专门选择了日本发那科公司作为供货商。该公司所生产是CNC机台能为产品制造超轻薄的外壳。而为了能保证产品供应顺畅，库克竟然包下了日本发那科公司的全部产能。如此一来，就使得这家公司只能为苹果公司一家生产产品。其他厂商即使带着现金飞往日本，也很难购买到CNC机台。

还有一个例子，很多人都知道苹果一直是高端产品的爱好者，对于产品的屏幕质量，苹果公司向来要求苛刻。然而，高端产品常常都是有限的。

于是在 iPad2 上市前，苹果公司就已经把全世界最高质量的 IPS 面板全都买了回去。这就使得其他厂商根本没有足够的 IPS 面板可用，最后不得不选择质量相对差的屏幕使用。

很多人都说库克的这一手太过残酷，但库克却认为，这是他必须要做的。当年乔布斯之所以力邀库克加盟，也正是看中了他这一点。

正是这样稳固的供应链，确保了 iPad 的生产顺利进行，可以说，库克为 iPad 的生产，打造了一个坚强的后盾。然而光有后盾自然是不够的，当 iPad 正式走出工厂后，库克接下来要考虑的就是如何对其进行宣传。

一直以来，苹果公司的营销点子数不胜数，而且效果向来显著。而其幕后的主使者正是库克。

为了激发广大网友对 iPad 的热情，苹果公司和国内很多网站联手，开展了各种宣传活动。其中影响最大的就是各个网站的团购 iPad 活动、免费赠送活动等等。

库克为什么会这样的"傻事"呢？其实这正是库克精明的地方。因为库克知道在互联网上打广告费用极高。以中国做得最好的网站举例，在 2010 年 1 月份，名站导航的一个位置大概在 40 万元/月左右，而在 2011 年的 1 月份的价位则在 100 万元/月以上。而且还需注意的是，即便各个商家愿意在此打广告，也绝不是一件容易的事。各商家要先求人、再排队、再竞价、整个过程至少等半年。在库克看来，与其这样，不如直接送用户产品，这样对用户的刺激会更大。

有人说："苹果 iPad 营销了世界。"此言非虚。可以说，iPad 自 2010 年上市以来，其销量一路飘红，在面世短短 9 个月内在全球的发售量就高达 1500 万部，迄今已为苹果公司带来了 96 亿美元的收入。2011 年，它的销量甚至已经超过了 Mac 与 Windows 个人电脑销量。

美国投资银行伯恩斯坦的分析师托尼·萨科纳吉曾说："iPad 的盈利能力令人难以置信,而这主要归功于库克。"

第三章
做"代船长",有所为有所不为

所有熟悉苹果的人都知道，库克和乔布斯是一对完美的搭档。在乔布斯眼里,做事低调、沉稳的库克是最值得信任的人。所以当乔布斯因病入院时,便毫不迟疑地把苹果公司交给了库克。事实上,库克也没有让乔布斯失望,他用能力证明了自己。

第一节 成功发布 iPhone 第三代,对抗"PalmPre"

2009 年对于苹果公司来说是颇为坎坷的一年,因为在这一年,掌门人乔布斯再度因病入院。躺在病床上的乔布斯再次把重担交到了库克手上。在他眼里,库克是值得他信任的,乔布斯相信,在他离开的这段时间,库克完全可以凭借自己的能力把苹果公司管理得更好。

事实上,库克的确没有让乔布斯乃至所有苹果人失望。没有了乔布斯坐镇,库克可谓是打起了十二分精神,随时准备迎接各种挑战。

对手真的出现了,它就是美国著名的手持设备制造商 Palm 公司。

Palm 公司是由杰夫·霍金斯于 1992 年 1 月在美国硅谷成立的高科

技公司，其开发的 PalmOS 操作系统及 Palm 掌上电脑以其精简便捷、易用而深受大众喜爱。一直以来，该公司虽然不像苹果公司那么引人注目，但它却从未放弃过努力。在十几年的发展中，Palm 公司的实力大增，其良好的发展势头一度让苹果、谷歌等巨头颇为忧虑。

而对于 Palm 公司来说，他们的野心不可谓不大。随着苹果 iPhone 获得巨大成功，该公司也开始跃跃欲试，试图想在这个领域里跟苹果公司一决高下。

2009 年的 6 月 6 日，Palm 公司正式推出 Pre 智能手机，这是一款与 iPhone 功能极其相似的智能手机。售价为 200 美元。这款被称为是"i-Phone 杀手"的智能手机在美国刚一发售，就掀起了一股抢购热潮。保守估计在短短两天内就卖出近 20 万部。

如此劲爆的势头，让时刻关注 Palm 公司的库克有些坐不住了。他认为苹果公司必须在这个紧要关头有所行动才行。

于是，就在这年的 6 月 9 日，苹果公司全球营销高级副总裁菲尔·席勒在苹果全球开发者大会上，正式发布了第三代 iPhone 手机，名字就叫做 iPhone3GS。其中，字母"S"代表了 Speed 速度。顾名思义，苹果这一次将注意力放在了提升系统性能方面。

iPhone3GS 在外观设计上和 iPhone3G 完全相同，整机、屏幕尺寸均没有任何改变。重量从 133g 略微增加到了 135g。然而，而在内部，iPhone3GS 对硬件的配置则进行了全面升级。

和 iPhone3G 相比，iPhone3GS 的短信应用程序启动速度明显加快，是 iPhone3G 的 2.1 倍，而载入《虚拟城市》游戏的速度是 2.4 倍，浏览 Excel 附件的速度 3.6 倍，载入纽约时报网页的速度是 2.9 倍，其他各种应用的速度也都是 iPhone3G 的两倍以上。另外,iPhons3GS 还支持 OpenGLES2.0 标准,支持 7.2Mbps3.5GHSDPA 高速网络。

此外,iPhone3GS 还增加了很多新的功能。其中一个最大的革新就是加入了摄像头应用功能。虽然从表面看和上代产品没有什么区别。但 i-Phone3GS 的摄像头已经升级到 300 万像素,最近对焦距离 10cm,提升了低照明条件下的拍摄表现。支持自动对焦,拍摄时也可以通过触摸选择对焦对象。

更重要的是,iPhone3GS 支持 VGA 分辨率 30FPS 视频拍摄,视频拍摄过程中提供自动对焦,自动曝光和自动白平衡。用户可直接在手机内对视频进行剪辑,上传至 YouTube、MobileMe 共享或通过彩信、电邮发送。另外,苹果还提供了摄像头应用 API,第三方软件开发者可以将拍照和视频拍摄功能集成在自己的软件中。

iPhone3GS 的其他新特性还包括:

语音控制功能,用户在使用时,按住 Home 键一秒钟即可启动。语音拨号可直接说出号码或通讯录内的人名,而 iPod 音乐播放的语音控制功能则更为强大。用户可以用多种命令控制音乐播放,如:"播放甲壳虫乐队歌曲","播放我的最爱列表"等,也可以说:"现在播的是什么歌",甚至"播放和现在这首歌类似的歌曲",所有语音命令都将得到人工语音回复。语音控制功能支持多种语言,其中中文语音就包括大陆中文、台湾中文和粤语。

内置数字指南针,可通过集成在 Googlemaps 中实现更多应用,也支持第三方软件 API 使用。

支持辅助选项,如读屏、屏幕放大、反色显示等。其他新特性还包括:

支持 Nike+耐克计步器功能。针对企业用户支持硬件数据加密、远程擦除、加密 iTunes 备份等。

如此强大的功能，使得 iPhone3GS 一经上市就吸引了众多消费者追捧。在全世界各地消费者的狂热抢购下，iPhone3GS 上市仅三天，销量就突破了 100 万部。如此巨大的销量，让 Palm 公司的 Pre 智能手机顿时黯然失色。

iPhone3GS 的热销是库克作为苹果公司的"代船长"期间，所取得的一个巨大成就。

第二节　引领 Mac 台式电脑销售

2011 年年初，当乔布斯第三次因为病情而暂时离开苹果时，库克也第三次接替乔布斯，代之掌舵苹果。在随后的几个月里，库克凭借着他卓越的营销能力和经验，创造了苹果公司的 Mac 台式电脑的销售奇迹。

和很多产品一样，苹果 Mac 台式电脑也是苹果公司最具影响力的产品之一。在 2011 年 4 月，苹果公司发布的第二财季报告中显示：在 2011 年的 1~3 月季度里，苹果亚太区 Mac 电脑销售上涨了 76 个百分点，实际增长数字要比之前预测的多出许多倍。

不仅如此，该产品在美国的销量也好于预期，达到了 25 个百分点的增长。

某苹果高层表示，上一季度苹果大约销售了 376 万台 Mac 电脑，获得了 28%的年度增长。

这样的增长一直到 2011 年的 10 月还保持着强劲的势头。2011 年的 10 月 13 日，Gartner 和 IDC 周三公布数据显示，Mac 电脑的销售增长速度已经连续 22 个季度超过行业平均水平。

在截至 2012 年 6 月底的这一年中，Mac 电脑的销售增长速度比市场平均水平快 6 倍。而在过去 5 年的每一个季度中，Mac 电脑的销售增长都超过所有竞争对手。

Gartner 周三公布的数据显示，2012 年第三季度，Mac 电脑的销售增长率达到行业平均水平的 20 倍。而 IDC 公布的数据则显示，Mac 电脑的销售增长率甚至达到行业平均水平的 80 倍。

这样的增长水平使得苹果公司在美国 PC 市场的前五大厂商中的增长率是最高的。而在所有苹果台式电脑中，MacBookAir 笔记本电脑是最抢眼的。

为什么这款电脑会受到消费者如此热烈的欢迎呢？这跟库克为其制定的营销策略有关。

在库克眼里，产品质量好只是一个方面，要想尽可能地吸引更多的消费者，就必须要辅之以切实有效的营销手段。

MacBookAir 笔记本电脑是苹果公司在 2008 年 1 月正式发布的一款电脑产品。其拥有全尺寸键盘和 13 英寸液晶屏幕，但最厚处仅 1.9 厘米、最薄处 0.4 厘米，重量不超过 1.5 公斤。它一经发布就惊动了整个 IT 业。

和其他电脑比起来，MacBookAir 无论是在工业设计、材料工程学还是半导体技术方面都代表着当今世界电脑的最高水平。对于这款产品，库克始终信心十足。为了更好地销售这款电脑，库克对当时的笔记本市场做了一番详细的调查，结果发现在笔记本市场上，同质化问题十分严重。在这种同质化的影响下,很多笔记本电脑毫无自己的特色,特别是在外形设计上,众多笔记本产品更是异常得相似。甚至对于很多品牌,如果不看品牌标识,是根本无法分辨出其品牌的。

鉴于此,库克认为苹果电脑要想在市场上独树一帜,最好的办法就是打造差异化的营销模式。只要创造出苹果电脑特有的优势,才能使其得到客户的青睐。

就像在 MP3 市场,iPod 已经成了年轻人梦寐以求的礼物;在手机市场,iPhone 也成了令人赞叹的奇迹。对于苹果电脑来说,"个性和美感"就是其核心价值。

MacBookAir 无论是在外形设计、CPU 技术还是多点触摸技术上,都处于业界领先的地位。这正是苹果电脑夺得市场主动权,引领市场时尚潮流的重要因素。

正是这种差异化的营销策略,成功塑造了苹果电脑的品牌形象,最终形成了一种文化。在这种文化的影响下,消费者必然会对苹果电脑产生一种使用偏好,如此一来,苹果电脑就会拥有一个巨大的用户群体,从而增强了苹果电脑在同类产品中的竞争力。

走高价位的"上层"路线是库克专门为 MacBookAir 所做的一个价格定位。一直以来,苹果都致力于垄断高端市场。库克认为,和其他低端市场比起来,高端市场对于苹果公司占有市场起着重要作用,只有锁定高端市场,才能确立苹果电脑在消费者心目中的高端地位。

为了进军高端市场,MacBookAir 的设计思路要比其他竞争产品超前二至三年,最明显的则是体现在无线网络的应用方面,MacBookAir 这款产品明确面向无线网络很成熟的高端市场。

在库克看来,虽然苹果 MacBookAir 的价格很高,但由于市场中缺少此类超轻薄的产品,所以 MacBookAir 电脑可以很顺利地抢占市场的空白点。这不仅可以增强 MacBookAir 的市场竞争力,还可以迎合市场的消费需求。

作为有着多年营销经验的老手来说,库克认为价格虽然是营销 4P 之一,也是各大厂商争夺市场的关键因素,但它却并不一定是绝对性因素。

有时,产品的价格并非是定得越便宜就越好,价格的定位应该取决于厂商的战略定位和未来产品及市场发展的方向。

除了在价格上大做文章外,广告效应也是库克考虑的一个重要方面。对于任何一款产品来说,虽然广告并不能起到增加销售的决定作用,但它却可以起到辅助作用。有时,一个颇具特色和创意的广告往往可以死死地抓住消费者的眼球。

MacBookAir 的广告展示了一个能装在信封里的电脑,库克想借此充分体现其极致轻薄的独特卖点。

对于广告,库克有着自己独到的见解,他曾对人说:"产品要想在市场上具有良好的表现,好的广告创意十分重要。任何一则好的广告定位都要遵循'九字经',即对谁说(选择目标消费者)、说什么(广告内容、创意,产品诉求点)、怎么说(艺术风格及表现形式)。"

第三节 "云策略"的谋划者

一直以来,在激烈的市场竞争中,苹果公司的硬件和软件都占据着绝对优势,这让很多竞争者倍感压力。然而苹果公司并不是无所不能的,它也有自己的弱点,它的弱点就在于它的"服务"。这一点从苹果公司早前推出的 MobileMe 和 Ping 的平淡的市场反响中就可看得出来。

用乔布斯的话说:"推出 MobileMe 的那段时光不是苹果公司最好的时光。"一向不肯服输的乔布斯竟然会说出这样的话,他对 MobileMe 的失望可见一斑。MobileMe 到底什么呢?

Mobileme 跟网络硬盘相似,但功能要远多于一般的邮箱或网盘。苹果公司在设计这一服务时,设计了两种账户,一种是个人版,只供一人使用,有 20G 的储存空间,还有一个邮箱地址;另一种是家庭版,共有 5 个账户,其中一个是主账户 20G,4 个子账户,每一个 5G。其中每个账户都有一个独立的邮箱地址。

简单地说,Mobileme 的基本功能就是同步 Mac、iPhoneortouch、PC 之间的数据。邮件、联系人信息、日程安排等。例如,如果用户在手机添加或编辑了一个联系人信息的话,那么此用户所使用的同一账户的 Mac 或 PC 也会自动更新。行程安排也是如此。收到的邮件,也会自动发送到 Mac、手机和 PC,以避免邮件丢失或遗漏。如果用户没有使用自己的电脑或手机的话,也可以在网上查找到邮件和信息。

在网页端,用户还可以自行编辑自己的行程安排、联系人、收发邮件、上传图片、文件，以及家人和朋友共享。

　　MobileMe 服务是苹果公司在 2008 年 7 月推出 3G 版 iPhone 智能手机后，紧接着就推出的一款服务产品。然而事实证明这款产品的推出算得上是苹果公司的一个败笔。

　　首先，MobileMe 自身存在着很多技术问题。从删除 iPhone 手机用户通讯录的同步 bug 问题，到让众多用户无法访问他们 email 账户的邮件服务器故障问题。这些恼人的问题迫使苹果公司不得不一再向用户道歉，并向用户做出免费使用 60 天的延期预定，以此作为补偿。

　　乔布斯对于 MobileMe 的技术故障，一直十分反感。他曾对 MobileMe 团队这样发牢骚道："在 iPhone3G，iPhone2.0 软件，以及 AppStore 发布同期推出 MobileMe，这是一个失败的决策。我们有过多的事情需要处理，MobileMe 本应该被延迟发布，哪怕不能收获任何成果。"

　　其次，MoblieMe 自上线以来，性能一直不稳定。可以说，MobileMe 的很多功能并没有向其事先说明的那样便捷、无缝和稳定。

　　尤其是它的 iDisk 功能因其低性能常常受到用户的指责。很多用户对此抱怨说："有时候，在本地硬盘和苹果的服务器间同步文件感觉非常慢，而且相比 Dropbox 而言，非常复杂。!"

　　第三，"MobileMe"无法激发用户共鸣。

　　早在 2000 年的时候，MobileMe 的先驱——iTools——就已经和用户见面了。在当时，iTools 的亮相曾被称为是苹果"备受瞩目的互联网战略"。很快，苹果公司就在 MacOS9 上搭载了 iTools 的服务。对于当时的很多用户来说，iTools 服务不仅新奇，而且十分具有创新性。首先，它可以提供非常酷的个性化 mac.com 电子邮箱地址，从而吸引了很多用户前去注册。

然而两年半后，苹果将 iTools 服务更名为了.Mac，并宣布将其使用价格定位 100 美元/年。这个价格让很多用户大为不悦。

　　2008 年 6 月 9 日，MobileMe 一经发布就引来了用户的耻笑。更让人不爽的是，MobileMe 用户能够继续保留他们 mac.com 域名邮箱（也可以使用 me.com 域名邮箱），但新用户却没有这样的特权。他们只能选择 me.com 域名邮箱，或者另想他法。

　　第四，MobileMe 的服务费用昂贵。

　　MobileMe 服务的使用费是 99 美元/年，对于很多潜在用户来说，他们认为他们完全可以通过其他免费的或是费用较少的服务来代替与 MobileMe 类似的服务。如此一来，人们对 MobileMe 服务的热情便随着时间的推移而渐渐消退了。

　　在库克看来，MobileMe 服务的失败对于公司的发展有着重要的警示意义，他曾对乔布斯说："MobileMe 服务故障一事表明，我们在互联网服务领域还有很多东西需要学习，也只有通过不断学习，才能使包括 MobileMe 在内的苹果互联网服务更上层楼。"

　　和 MobileMe 服务一样，Ping 也同样让苹果公司颇为尴尬。

　　Ping 是什么呢？它是苹果公司在 2010 年推出 iTunes10 时一起推出的一个社交音乐服务。它内置于 iTunes 之中，面向 iTunes 所有用户开放。用户可以一键"跟随"喜欢的歌手和好友，并且可以随时查看歌手或好友最新发生的事。如此一来，用户就可以随时掌握朋友的行踪并了解他们的音乐癖好，包括他们喜欢的音乐类型，购买的歌曲，准备去看哪个乐队的演出以及所发表的音乐评论等等。此外，用户还可以随时更新与乐队有关的消息。同时，Ping 还专门为用户设计一套保护隐私的工具。当时，苹果公司对这款产品充满了信心，认为这种隐私保护很可能会成为 Ping 对抗 Myspace、Facebook 等社交网站的"杀手锏"。然而最终的结果却证明这却是一个让所有人都大失所望的产品。由于 Ping 自身的设计缺陷以及和缺乏社交互动能力，导致这项服务并没有如预期的那样受到用户的过多关注。

对此，库克曾公开承认："Ping 是一个失败的产品。"这样失败最终迫使苹果公司不得不将 Ping 在 iTunes 下一个版本中被移除。转而通过 Twitter 和 Facebook 来实现分享功能。

和乔布斯一样，库克向来不喜欢受人限制，在服务领域里，Twitter 和 Facebook 是苹果的两大"天敌"。一直以来，苹果公司都试图在这个领域超越这两家风头正劲的公司，不成想如今落到了受制于人的田地，这种被动的局面让库克和他的团队深感不快。库克深深地意识到，要想让苹果公司在在线服务市场上占有一席之地，就必须要推出一种具有极大竞争优势的服务产品。

此时，库克便把目光投向了云服务领域，这是一个必将展开激烈竞争的领域，因为早在苹果之前，就已经有几个 IT 巨头踏足于此。它们分别是亚马逊、谷歌等实力强劲的公司。

那么这里所说的"云服务"是一个什么概念呢？

如今，云服务已经成了一个备受人们关注的名词，在很多人眼里，云服务代表了信息时代的未来。

云服务其实是基于云计算的一种服务。何谓云计算呢？这里通过两个故事进行说明。

故事一：约翰在某公司任职，某天公司派约翰去纽约出差。此时，约翰就需要了解一些他此次出差所需要的信息,例如航班信息、从住所到机场的最佳路线、纽约的天气状况以及住宿等。在不久的将来,所有这些信息都可通过云计算来提供。那时,云计算将与各种各样的终端(例如个人电脑、Pad、手机、电视等)进行连接,为用户提供广泛、主动、高度个性化的服务。

故事二:杰克也在该公司任职,每天过着朝九晚五的日子。到公司上班时,他想规划一下自己最近的任务。于是他便通过 GoogleCalendar 来管理自己最近的日程安排;整理完日程后,他可以通过 Gmail 收发邮件,通过 GTalk 来与同事朋友进行联系;如果他这时打算开始工作,还可以通过GoogleDocs 来编写在线文档,在此过程中,如果他需要查阅相关的论文,也可以通过 GoogleScholar 进行搜索,此外还可以使用 GoogleTranslate 翻译一些英文,他甚至可以使用 GoogleCharts 来绘制一些图表;如果他有些累了的话,还可以通过 GoogleBlogger 来分享日志,通过 Google 的 YouTube 来分享视频,通过 Google 的 Picasa 来编辑分享图片。故事中杰克所使用的所有服务就是一种云计算。

很明显,谷歌所提供的服务将会为每一个用户提供各种充满个性化的服务,不久的将来人们的生活就会进入云计算的时代。对于这一点,向来深谙市场规则的库克看得已经十分清楚。

云计算是如何产生的呢?实际上,云计算确实不能算是一个全新的概念,然而它是一个名副其实的颠覆性技术。

众所周知,计算机的出现要远远早于计算机网络的出现,当计算机如雨后春笋般涌现出来时,计算机网络还是一个未知的领域。然而到了上世纪 90 年代以后,计算机网络突然狂飙式地爆发了,从此人们进入了网络泡沫时代。而在经历了一段时间的爆发之后，互联网开始走上了下坡路，就在互联网泡沫行将破裂之际，这个世界又迎来了 Web2.0，随着 Web2.0 的逐渐兴起，网络又进入了一个新的发展高峰期。

什么 Web2.0 呢？Web 是 WorldWideWeb 的简称。通过 Web，互联网上的资源可以在一个网页里被表示出来，而各种资源还可以在网页上互相链接。Web2.0 是 Web1.0 的升级版。

Web1.0 是以数据为核心的网，而 Web2.0 是以人为出发点的互联网。比如 Blog：用户可以自己织网，在上面发表自己的观点、知识并且还可以和其他用户内容进行链接。RSS：用户产生内容自动分发，定阅；SNS：blog+人和人之间的链接；WIKI：用户共同建设一个大百科全书。

Web1.0 旨在将以前没有放在网上的各种知识资源，通过各类企业的力量，统统展示在网络上，以供用户分享。而 Web2.0 的宗旨是要将这些知识，通过每个用户之间的协作，从而把各种知识组织起来，使之发挥出最大的作用。

随着 Web2.0 时代的到来，像 Flickr、MySpace、YouTube 等网站也开始纷纷走入了人们的视线。借助于 Web2.0，这些网站吸引了众多用户前去访问，其访问量远远大于传统的门户网站。随着用户不断增多，一个亟需解决的问题就摆在了这些网站面前，这个问题就是如何有效地为巨大的用户群体提供令其满意的服务。

在这些网站中，谷歌凭借其强大的搜索速度和处理能力成为了其中的佼佼者。如何有效利用这些技术，从而为更多的用户提供强大的计算能力和各种服务，就成了谷歌这样的大公司一直需要考虑的问题。就是在这样的情况下，云计算应运而生了。

何为云计算呢？简单地说，云计算其实就是一种网络计算思想，云计算的出发点就是要把空闲的 CPU 资源充分利用起来，继而搭建一个平行分布式计算。这一思想最早是在上世纪 90 年代被提出来的。1999 年出现的 SETI@home 是第一个成功的将网格计算的思想付诸实施的案例。

云计算和网格计算十分相似，其核心也是通过利用大量的计算机，从而构建出强大的计算能力。而和网格计算不同的是，云计算的目标更加宏大，它的最终目标是在这样的计算能力的支持下，能够构建稳定而快速的存储以及其他服务。Web2.0 的存在为云计算提供了可能。在 Web2.0 的引导下，只要有一些有趣而新颖的想法，就能够基于云计算快速搭建 Web 应用。

云计算拥有着十分鲜明的特点，它是网格计算下的一种新的标签，它使用公用计算或其他方法来共享计算资源；它是依靠本机服务器或个人设备来处理用户应用程序之外的另一种选择；也有人认为云计算是一种将硬件与软件外包给因特网服务提供商的概念。总之，云计算在当今 IT 领域里是一项突破性的技术。

在很长一段时间里，云计算领域一直被三家公司把持着，它们分别是 Google、IBM、亚马逊公司。

亚马逊公司是最早提供远程云计算平台服务的公司，有人称亚马逊公司是云计算的先行者。

早在 2006 年，亚马逊就首度推出了简单云计算服务。当时亚马逊之所以推出云计算服务，目的只在于将公司闲置的 IT 设备和运算能力变现。事实上，这种策略为亚马逊公司带来了巨大的成功，它不仅完善了公司的服务质量，也成就了亚马逊公司迄今为止最大的云服务提供商的美名。

　　凭借着在云计算领域的优势，亚马逊一直充当着领跑者的角色。自2006年推出以来，AWS一直保持高速的产品研发节奏，其中按虚拟机付费的弹性计算云已经成为了云计算的旗舰产品。与此对应的则是AWS惊人的指数型发展速度。据亚马逊的数据显示，2011年亚马逊云服务S3的对象量翻了3番，增加了5000亿对象，相当于每个季度增加1250亿对象。据美国调查公司451Group的报告，AWS已经占据了美国59%的基础设施及服务(IaaS)市场份额，领先优势相当明显。

　　谷歌是紧随亚马逊其后的最具威胁的竞争者。2006年8月，谷歌首席执行官埃里克·施密特在搜索引擎大会首次提出"云计算"的概念。

　　而早在2006年之前，由于各种现实需求，谷歌就已经建立了一套成熟完整的云计算技术架构——硬件网络方面应用了自己设计的机架架构、服务器刀片、数据中心、全球网络连接，软件系统方面开发完善了操作系统、文件系统GFS、并行计算架构MapReduce、并行计算数据库BigTable以及开发工具等云计算系统关键部件。

　　可以说，从云计算的角度而言，几乎Google的所有产品都可以被认为是典型的云计算产品。Google是世界上最大的云，在全球有30多个数据中心，服务器的总数超过100万台。凭借着如此巨大的竞争优势，谷歌此后又相继推出了SaaS、PaaS、IaaS和云客户端四个极具竞争优势的服务产品。

　　而作为IT业里的老大哥，面对着云计算领域的激烈竞争，IBM公司自然不会自甘落后，为了和上述两家公司对抗，IBM公司也在2007年的11月正式推出了"蓝云"计算平台。这一平台包括一系列的自动化、自我管理和自我修复的虚拟化云计算软件，使来自全球的应用可以访问分布式的大型服务器池,使得数据中心在类似于互联网的环境下运行计算。

对于如此激烈的竞争,库克看在眼里,记在心上。他很清楚,苹果公司在云服务领域的步伐已经慢了一步,再不立即行动,就会与这个大好时机擦肩而过。这是一向热衷竞争的苹果公司最不愿意看到的。在库克看来,如果苹果公司能够及时地把握住这个机遇,及时地推出自己的云服务产品,就可以在云服务市场上分得一杯羹。

在经过一番精心地准备之后,2011 年 6 月,苹果公司正式推出了免费的在线存储云服务 iCloud。iCloud 的推出其实等于是向亚马逊、谷歌、IBM 等竞争对手下的一张挑战书,它是苹果公司正式进入云服务领域的第一次尝试。对此,库克说:"iCloud 不仅仅是一个产品,而关乎到苹果公司业务'未来十年的战略'"。

库克之所以会义无反顾地推出 iCloud,是因为他意识到缺失文件系统一直是苹果公司的软肋,使得 iPad 一直无法替代笔记本电脑。库克认为对于 Dropbox 来讲,最明智的点子就是它彻底地将文件系统置于云端,完全从设备中将它移走,从而打造一个牢不可摧的生态系统,只有这样才能增强自己的竞争力。

于是推出 iCloud 就成了库克的策略。他希望 iCloud 能成为让移动终端享有家庭宽带一样的速度的最佳的方法。

那么这个 iCloud 到底是什么东西呢?icloud 是基于原有的 MobileMe功能全新改写而成的云端服务功能。它可以为用户提供邮件、行事历和联络人同步、音乐、应用、电子书等推送到所有设备等功能。和 Google 和 A-mazon 的云端音乐服务相比,iCloud 的功能更强大。它将音乐服务、系统备份、文件传输、笔记本及平板设备产品线等元素有机的结合在了一起。

具体来说,iCloud 平台可以将用户的个人信息存储到苹果的服务器,通过连接无线网络,这些信息会自动推送到用户手中的每个设备上,这些设备包括 iPhone、iPodTouch、iPad,甚至是 Mac 电脑。

在邮件方面,用户只需要拥有一个 @me 账号,就可以在任何设备上将信息同步推送到自己已登录的账号设备上。

如果用户在 iPhone 上下载了一款新的应用软件的话,它就会自动出现在用户的 iPad 上。用户无需担心多部设备同步的问题。如果用户想要把很久之前买的应用软件安装在新的 iPodtouch 上的话。iCloud 可让用户在一个恰当位置查看过去下载的内容。而一旦用户从 iBookstore 下载了电子书,iCloud 就会自动将其推送到用户的其他设备上。如果用户想在 iPad 上阅读,加亮某些文字,记录笔记或添加书签的话,iCloud 会自动更新用户的 iPhone 和 iPodtouch。此外,iCloud 还可以每天通过 WLAN 网络对用户的 iPhone、iPad 和 iPodtouch 上所存储的重要信息进行备份。一旦接通电源,即可快速、高效地备份一切内容。

而 Documentsinthe Cloud 功能可以帮助用户在不同的设备上进行同样的文本编辑操作。如果在 iPhone 上建立一个文档,这个文档会自动同步到云端,这样在其他设备上也可以找到之前建好的这个文档,这一服务不仅在 iOS 设备中可以使用,在其他苹果设备也可以使用。

此外,PhotoStream(照片流)服务也是一款极具竞争力的服务。通过这一服务,所有 iPhone 拍摄的照片会自动推送至服务器,随后服务器会将这些内容再推送到用户之前使用个人 ID 登录过的每个苹果设备上或者装有 Macosx 的苹果电脑或者 Windows 系统的电脑上。

在库克看来,苹果公司涉足云服务阵地,和亚马逊和谷歌相比,本身具备着三大优势：首先，苹果推出的是从购买、云存储到流媒体播放的一站式服务；第二，其免费和收费方案会更有吸引力；第三，为了提高云服务的竞争力，苹果公司已与四大唱片公司达成了许可证协议。

2012年2月，库克在一个互联网会议上表示苹果的iCloud服务注册用户已突破1亿大关。

库克在发言中这样说道："iCloud是苹果未来十年战略的一部分。在10年至12年以前，乔布斯公布的战略是将Mac或PC定位为人们生活的核心。这一战略是将Mac或PC作为储存库。iCloud不是一款生命周期只有'1年或2年'的产品，而是该公司未来10年战略的一部分"

库克认为，在云服务不断涌现的今天，以PC为中心的iTunes使用模式已经落伍了，云存储才是未来的发展方向。推出iCloud服务，库克的目的只有一个，那就是要此为武器，和谷歌、亚马逊这样的IT大鳄抗衡。

第四节　苦心孤诣开辟中国市场

也许是因为产品竞争力极强，对于苹果公司来说，他们一直把营销重点放在美国本土以及欧洲国家。对于中国市场，苹果公司始终保持着一段距离。而作为苹果公司的掌门人，乔布斯对中国市场并不太看好。

然而，在一向擅长规划市场的库克看来，并不以为然。

2002年，苹果公司推出了日后风靡全球的iPod，此款产品一经面世便风靡一时。借着iPod风靡的东风，苹果公司又相继推出了该产品的其他系列，无一例外，这些产品也都取得了辉煌的成就。然而对于遥远的中国消费者来说，他们甚至还不知道这是个什么东西。

2004 年一份时刻关注苹果公司的周刊曾发表文章指出，中国有很多消费者对电子产品青睐有加，而且很多消费者已经具备了购买电子产品的消费能力。

正是在这种思想的指引下，库克对中国市场进行了详细地研究和分析。有着更加清晰的认识。他认为此时进军中国市场是一个绝佳的时机，如果错过了这个时机，苹果公司就会失去在中国市场攫取丰厚利润的巨大商机。

通过详细研究库克发现在中国，电动剃须刀每年的市场销售额高达3 亿美元。而且这些剃须刀售价均在 250~500 美元之间。可以想象，既然这种豪华剃须刀在中国市场上都可以具有如此大的销量，那么苹果的 i-Pod 音乐播放器也同样可以在中国市场上大有作为。

虽然和美国比起来，中国的手机用户平均收入很低，但中国消费者对于手机的购买欲望却远胜美国。而更为重要的是，随着中国经济实力的不断壮大，中国消费者的电子产品消费能力也将随之变得更加强大。

基于此，库克跟乔布斯进行了一次长谈，他希望乔布斯能够一改昔日的偏见，对中国这个庞大的市场重视起来。在乔布斯眼里，库克最值得他信赖的人，所以对于库克的提议，乔布斯通常都会加以支持。做事一向雷厉风行的库克在得到乔布斯的首肯后，便立即展开了行动。

库克所做的第一件事便是和中国第二大 PC 制造商方正集团所进行的接触。经过多番协商之后，苹果公司与方正集团最终签署了一项合作协议，该协议规定方正此后所生产的每一台 PC 都必须装载苹果的 iTunes 音乐软件。此举为苹果的 iPod 正式进入中国市场打开了一个通道。

正如一家国内的厂商所说："苹果公司的这一做法非常高明，它将苹果的 iTunes 音乐管理集成解决方案软件和 iTunes 音乐网站结合，从而使得苹果在卖出了一台 iPod 之后，还能获得更多来自于音乐下载的收费。"

据 2004 年苹果第一季度财报显示，苹果销售的 iPod 由上年同期的 73.3 万部增长到了约 450 万部，而 iTunes 音乐商店、iPod 配件和服务则给苹果带来了 1.77 亿美元的营业额。

iPod 的强劲势头让曾一直统治数码音乐消费市场的日本索尼公司倍感压力。在 iPod 推出之前，索尼公司的 walkman 已经占领了音乐消费市场长达 25 年之久，而 iPod 只用不到一年的时间便从索尼手中抢走了其王座的地位。

库克对于中国市场看得十分清晰，他相信在未来的十年中，中国很有可能会发展成为全球最大的消费类电子产品市场。

对此，国际数据公司一个分析师曾说："与欧美市场不同，众多中国消费者倾向于将自己的便携电子产品当作是社会地位的象征。以手机产品为例，中国消费者更换手机的周期要比欧美市场快 6~12 个月，原因是很多中国手机用户希望自己能及时拥有最新款式的产品。从这个角度上讲，如果苹果公司的 iPod 能够进入中国市场的话，它极有可能成为最受欢迎的消费类电子产品之一。"

一向对市场竞争十分敏感的库克深知，如果苹果不加快其 iPod 进入中国的步伐，则无疑等于将这大好商机拱手让给索尼、创新等竞争对手。如果苹果这些竞争对手的产品率先进入到了中国，这些产品就会首先建立起较高的知名度及用户忠诚度，并能在今后轻松捍卫自己市场领先者的地位。

2004 年 7 月间,在库克的安排下,苹果公司中国区的高层开始频繁举行会议, 随后在 30 日, 苹果公司在北京举办了 iPodMini 的新品发布会。这次发布会规模巨大,堪称是苹果公司在中国市场上的一个前所未有的大举动。

库克的目的只有一个,那就是要抓住这个有利时机,和新加坡创新公司、韩国三星集团抢夺中国市场。

对于这两个竞争对手,库克时刻关注着他们的一举一动。不久前,

新加坡创新科技北京公司负责 MP3 产品的高层曾表示:"创新在中国的硬盘播放器市场即将启动。从前中国 MP3 市场不是很成熟,而今年,已经开始呈爆炸式增长,是启动的好时机了。"

而据有关数据显示,2004 到 2005 年, 中国的 MP3 销售量将达到402.3 万台。在 2003 年,这个数字为 100 万台。也就是说,未来十年,中国市场在未来将会大有可图。可以说,作为世界上数码产品销售增长最快的市场,中国在任何跨国公司的全球战略中都是不可缺失的。

为此,创新科技将中国的中高端市场定为了公司的目标。如此一来,他们部分产品的主打用户群便和苹果的 iPod 用户群发生了重合。面对如此严峻的竞争局面,库克做出了一系列卓有成效的举措。

首先,库克认为要想扩大 iPod 在中国的影响力和销售额,就必须要找到适合的代理商才行。鉴于此, 库克便开始了他的寻找中国代理商之旅。

2004 年 3 月,苹果中国终止了与佳杰科技公司的代理合作,转而和天雄伟业签署了代理协议。对于这样的调整,库克有着他自己的想法,认为要想让更多的中国消费者了解 iPod,并成为其忠实粉丝,就必须尽最大

可能扩大 iPod 的影响。在这一点上，天雄伟业和佳杰科技比起来，似乎优势更加明显，因为这家公司虽然很少涉足消费电子分销领域，但它却拥有着数量众多的直销店，并且还拥有着丰富的直销店营销经验。无疑，这一优势对于推广 iPod 将会起到重大的作用。

然而在经过将近半年的合作之后，苹果公司发现天雄伟业并没有达到预期的目标，其销售情况很不理想，鉴于此，库克立马做出了应对。在这年的 8 月，库克决定更换新代理商，这次库克选择了为联想产品分销商之一的北纬机电。

随着代理商范围的进一步拓展，iPod 在中国的销售呈现出了狂飙式的增长。

这些代理商在全国各大城市都拥有终端店铺。苹果 iPodMini 一级代理商北纬机电苹果事业部内部人士指出，2004 年 iPodMini 在北纬的分销量每月平均递增达到 300%。

而就在这一年的年底，库克又出人意料地做出了两个决定，他把天雄伟业和北纬机电更换成了两家 IBM 产品的代理商，它们分别是北京瀚林汇信息技术有限公司和朝华科技。库克认为由于这两家公司的高层都曾在 IBM 做过，所以和这两家公司沟通起来应该更容易些。

于此同时，库克还加大了 iPod 在中国市场的广告投放力度，这也为 iPod 在中国市场增加了更多的曝光机会。

在库克的精心运营下，这款在美国红极一时的 iPod 也同样在中国市场获得了巨大成功。很多中国消费者成为了 iPod 的忠实粉丝。

iPod 在中国市场上的成功为苹果公司带去了巨额的销售利润，不得不说这样的成功库克功劳甚大。然而野心勃勃的库克并没有就此停止他开辟中国市场的步伐，在他眼里，中国市场潜力巨大，苹果公司要想利用这个市场赚取利润，就不能光靠 iPod 一款产品，而是应该靠几种产品才行。

早在 2008 年的年初，库克就曾表示："iPhone 手机终有一天会进入中国市场，我们在等待时机。"

有了这个打算之后，接下来库克就开始试图和中国移动进行谈判。在库克看来，中国移动拥有着多达 3.5 亿的用户，倘若能和中国移动达成合作协议的话，将对 iPhone 占领中国市场提供有利的支持。

很快，在库克的积极奔走下，双方便坐到了谈判桌前。然而，由于苹果公司极力要求与中国移动共同瓜分 iPhone 数据服务收费的 20% 到 30%，这让中国移动大为不满，双方最终终止了谈判。

虽然这次谈判没有成功，但库克并没有放弃努力。随后，库克便和中国联通展开了接触。最终双方在 2009 年 8 月 28 日联合宣布，iPhone 手机将在 2009 年第四季度正式在中国市场上市，预计推出的版本为 iPhone3G 和 3GS。

2009 年 9 月 28 日，中国联通宣布，从 10 月 1 日开始在联通网上营业厅预约销售 iPhone 手机。用户可以选择单独购买或预存话费两种方式购买 iPhone 手机。本次上市的 3GiPhone 机型共有五款，分别是 8GB 版 iPhone3G 黑色、16GB 版 iPhone3GS 黑色和白色、32GB 版 iPhone3GS 黑色和白色。

2009 年 10 月 14 日，中国联通表示，从 10 月 30 日起，将正式发售 iPhone3G 和 iPhone3GS 两款手机。同时联通还公布了 iPhone 裸机价格方案。

2009 年 11 月 1 日，iPhone 正式在中国大陆由联通发售。8GB 版 iPhone3G 裸机价格为 4999 元；16GB 版 iPhone3GS 裸机价格为 5880 元；32GB 版 iPhone3GS 裸机价格为 6999 元。

2010 年 5 月 1 日，中国联通推出 iPhone 新合约计划，新合约用户办理 iPhone 产品包零售价格平均降低 1000 元左右。

有人说把苹果和中国联通的合作称为是一场姗姗来迟的婚姻，然而库克却对这场"婚姻"充满了自信。

对此，他曾对人说："这款苹果公司最具标志意义的产品就是在中国境内制造的，估计已有 200 万台 iPhone 通过黑市流入中国，说明存在巨大的需求空间。这是一个拥有 7 亿移动电话用户的市场，比美国和欧洲的用户加起来还要多。"正如库克所说，自从这两家公司宣布合作以来，iPhone 在中国市场的销量迅速攀升。

面对如此巨大的成功，库克并没有沉浸其中不能自拔。在他的脑海里，他已经开始规划下一个目标了。

这次，库克把他的谈判目标选为了中国电信。在经过多轮协商之后，苹果公司最终与中国电信达成了合作协议，协议称中国电信将于 2011 年 11 月开始销售 CDMA 版的苹果 iPhone 手机。由此，中国电信便成为了继中国联通后，第二家推出 iPhone 手机的运营商。

到此，苹果公司已经和中国三大手机运营商中的两家成为了盟友，通过这两次合作，iPhone 手机开始在中国市场迅速刮起了销售狂潮。随着 iPhone 销售额节节攀升，库克又冒出了一个新点子。他想如果能在中国开设几家专卖店的话，必定会进一步增加 iPhone 的销量。

说做就做，很快库克就开始为在中国开设专卖店做起了准备工作。

2010 年 10 月，苹果公司又在中国新开设了两家专卖店。这样一来，苹果在中国的专卖店数量就达到了 4 家。据有关资料显示，这四家专卖店在一个季度内，就为苹果贡献了 38 亿美元的收入，同比增长约 6 倍。

在苹果公司推出的一系列产品中，iPad 平板电脑也是其中一个重要的产品之一。对于这款明星产品，库克同样也想把其带入中国市场，让其到中国市场上大显身手，从而为苹果公司占领市场，赢得利润。

在库克的精心安排下，iPad 平板电脑于 2010 年 9 月 17 日正式登陆中国市场。在这短短的两年时间里，在库克的长袖善舞之下，iPad 已经在中国平板电脑市场占据了近四分之三的份额。

据市场研究机构易观国际最新的调查显示，2012 年第二季度期间，中国消费者购买了 234 万台平板电脑，同比增长 63%，而在这 234 万台平板电脑中，72.6% 的平板电脑是苹果 iPad。

同时，数据还显示，在 iPad 尽占统治地位的中国平板电脑市场上，苹果的其他竞争对手的市场份额都没超过 10%。联想平板电脑在中国市场的份额尽管位于第二位，但只占 8.38%，比 iPad 所占份额少了一大截。另外，三星平板电脑在中国市场的份额还不足联想的一半，只有 3.59%。

而据国内第三方数据分析服务商 CNZZ 调研报告显示，自 iPad 发布以来，其市场份额在国内平板市场一直处于绝对领先地位。截至 2012 年 2 月，iPad 在中国的平板电脑市场份额高达 98.89%。而其他品牌则只能分享另外 1.11% 的份额。

这样的销售盛况正是库克想要看到的，库克用他的实际业绩证明了自己卓越的市场规划能力。

2012 年新款 iPad 将正式登陆中国大陆市场。这对库克来说也将是一次巨大的考验。鉴于今年1月份iPhone4S首次上市时苹果三里屯旗舰店出现的混乱局面。为了防止首发现场出现混乱局面，库克要求苹果在直营店开卖之前开通网上预订服务。公司将会按照双方约定的时间将新iPad送货上门。

而在2012年的11月份，苹果公司还将发售一款iPadMini。这款产品瞄准的正是中国市场。

不过，库克在选择此次营销策略时的决定却不免让人大跌眼镜。他竟然把iPadMini当做儿童玩具推到了中国市场上。就在库克说出自己的想法时，他遭到了很多人的质疑，有人甚至认为他的脑子坏掉了。然而，库克真的是脑袋坏掉了吗？事实并非如此。库克之所以会采用这个策略，其实是源于他对中国市场情况的准备预测和把握。

事实上，库克在很早之前就开始研究中国市场了。他曾让他的团队做过一项针对消费者的产品购买意向的调查，结果显示，近80%的美国消费者不会选择iPadMini，而是更倾心苹果下一代智能手机iPhone5；相反近年来，随着中国广大中小学校对科技设备需求的增长，各大电子终端产品制造厂商都纷纷将目光投向了中国的教育市场。也就是说，如果主打中国市场的话，苹果公司一定可以从中盈利。由于对iPadMini在美国市场销售的预期并不乐观，库克及时对市场定位做出了调整，他用已上市的NewiPad主打成人市场，而把即将上市的iPadMini瞄准了中国市场，并定位为"儿童适用"。

有统计数据显示，2012年第二季度iPad在中国平板市场的占有率已经高达72.6%，而目前中国针对儿童开发的平板电脑中并没有哪一个品牌具有足够的竞争力。鉴于此，库克认为如果苹果届时以iPadMini进军儿童市场的话,那么就可以不失时机地在中国市场上大显身手,从而和其他竞争对手展开争夺。

有人说没有库克就没有 iPad 的成功,虽然这话听上去有些过于绝对,但不可否认的是,库克凭借着他卓越的营销能力,确实为 iPad 在中国市场攻城略地提供了强大的支持。

可以说,库克在苹果公司进军中国市场方面做出了巨大的贡献。除了上述几款产品外,Mac 之所以能进入中国市场,并在中国市场上大获成功也是因为库克在背后精心安排的结果。

和上述几款产品一样,Mac 电脑同样也是苹果公司的明星产品。该产品自从推向市场以来,也同样创造了巨大的销售量,引得全世界的粉丝为之疯狂。

不过由于苹果公司没有对亚太市场给予足够的重视,结果导致 Mac 销量在亚太地区出现了下滑。

据苹果公司公布的 2012 年第二季度财报显示,亚太地区苹果 Mac 电脑(包括 Mac、Macbookair 和 Macbookpro)的销售量为 59.3 万台,同比下滑了 4%。这样的颓势让库克深感忧虑。他认为苹果公司如果再不对亚太市场,尤其是中国给予足够的重视的话,就会丧失掉这个潜力巨大的市场。对此,他曾对人说:"我们的 iPhone 和 iPad 在中国卖得非常好,希望 Mac 在中国也能有很好的表现。"

为了提高 Mac 在中国市场的销量,库克在今年又做出了一个重大调整——首次面向中国市场改进了 Mac 系统。全新配置的笔记本产品线,包括 Macbookair、Macbookpro,以及搭配新一代 Retina 显示屏(视网膜屏)的 MacBookPro。同时,这些产品将会同时在美国、法国、德国、日本上市。

而更为重要的是，这些新产品均搭载了苹果全新的 Mac 操作系统 moun-tainlion(山狮)，而该版本系统中最大的改进便是融入了许多专门面向中国市场的功能。

在库克的精心打理下，苹果 Mac 的销量开始大幅飙升。据某最新报告显示，2011 年，Mac 在中国市场的同比增长幅度继续超过在美国市场的同比增长幅度。可以说，中国市场已经成为了 2011 年第四季度的 Mac 销量增长真正的驱动力。

为了为 Mac 凝聚更多的中国粉丝，库克还要求苹果公司的职员恶补"中国话"。尽管中国市场为苹果公司贡献超过 20% 的营收，但库克却仍认为"现在还只触及了该市场的表层"。

2012 年 6 月，在美国旧金山举行的 WDDC(苹果全球开发者大会)上，苹果推出了支持中文的 iOS6 操作系统，重点强调中国计划。库克认为要想巩固中国市场，就必须要穿透表层逐步深入到内核之中。

于是他提出了本土化策略。在 WDDC 现场，苹果新推出的 MacOS"山狮"加入了大量中国化元素：内置新浪微博、Siri 支持中文、搜索引擎增加百度，提供优酷、土豆视频源。目前在 iOS6 及 MountainLion 中内置的并非优酷客户端或网页快捷方式，而是把优酷、土豆视频服务作为系统分享使用的视频平台，用户拍摄的视频及本地视频都可以直接通过系统选项分享到优酷、土豆平台。

而更让人不可思议的是，苹果全新发布的 iOS6 系统竟可以支持 Siri 中文语音输入功能，支持普通话、粤语和闽南语。在苹果的演示中，现场用户用中文问"附近有没有咖啡店"，Siri 立即给出了附近 14 家比较近的选择，这些选择还有相应的用户评分和评论。据透露，新版 Siri 已经连接国内 LBS 数据库，支持查找周边店铺。中文版 Siri 可以被使用在 iPhone4S 和新 iPad 上。

在 iOS6 上针对中国市场进行一系列的细节本土化微调正是苹果加码中国市场的一个开端。此后，库克一再号召开发者要针对中国用户，开发更多、更新的应用。库克的目的十分明确，那就是要让产品内核开始，彻底靠向中国市场。

事实证明，库克所采取的一系列举措是大有成效的。据苹果最新公布的 2012 财年第二季度财报显示，苹果在大中华区的营收同比增长三倍，创纪录地达到 79 亿美元，折合人民币约 498 亿元，约占其总营收的 20%。中国已经成为苹果的第二大市场，仅次于美国。简单计算得出，苹果在第二财季每天从中国市场吸金约 5.5 亿元。苹果财报称，中国对 i-Phone4S 和 iPad2 的需求很强劲，其中大中华区 iPhone 销量为去年同期的 4 倍，Mac 销量同比增长超过 60%。

如今，苹果公司的各个明星产品都已经在中国市场上遍地开花，每年为公司创造着令人艳羡的巨大利润。这要归功于库克的精心打理，可以想象，如果库克没有提高对中国市场的重视，那么苹果公司就会失去这个潜力巨大的市场，而坐视其他竞争者在该市场上攻城略地，这对于一个试图称霸全世界的高科技公司来说，无疑是一种耻辱。

第五节　帮助乔布斯打造苹果在线音乐

作为乔布斯最得力的助手，库克在有关公司业务发展的很多方面都有着和乔布斯同样的眼界以及百折不挠地执行力。也许是受多年从事企业运营工作的影响，库克对于市场商机有着极其敏锐的嗅觉。可以说苹果iTune音乐商店的推出就是库克这种嗅觉的最好体现。

提到iTunes音乐商店，就要从2003年说起。上世纪80年代中期到90年代末期，媒介开始大范围地由模拟化向数字化方向转移，虽然这种技术获得了技术领域的一致认可，却让音乐领域的唱片公司大为恼火。随着大量网民们迅速涌向数字音乐，并把它作为付费专辑的替代品，各大唱片公司的唱片销量呈现出了不断下滑的趋势。

如此巨大的压力让唱片公司的高管们如坐针毡，为了扭转颓势，他们开始把矛头指向了Napster在线音乐软件、MP3.com音乐网站等多家公司，对其提起了诉讼。这样的举动也让所有试图靠音乐软件盈利的公司感到有些为难。

同时，人们也深深地意识到对于传统的唱片界来说，想进行一场巨大的变革简直比登天还难。

而另一个导致唱片业陷入低谷的原因便是，消费者不可遏制的疯狂盗版行为。这种疯狂的盗版行为就像是瘟疫一样，令美国整个唱片业痛苦不堪。

然而这种局面却给一个公司创造了机会，这个公司就是苹果公司。作为苹果公司的两位当家人,乔布斯和库克同时发现了一个巨大的商机,他们认为虽然这种盗版行为无法得到遏制,但却可以通过技术手段对之进行引导。正是基于这种想法,乔布斯和库克决定推出 iTunes 音乐商店,试图在数字音乐领域里拔得头筹。

库克认为这种音乐商店必须要简单易用,还能提供选择性,并且还要有足够的稳定性。只有这样,才能引导消费者进行付费下载而不是非法获得。同时,它还可以帮助唱片公司和盗版厂商进行有效的竞争。

iTunes 是供 Mac 和 PC 使用的一款免费应用软件, 能帮助用户管理和播放数字音乐和视频, 还可以将新购买的应用软件自动下载到所有设备和电脑上。同时,它还是一个虚拟商店,能够满足用户的一切娱乐需求。当用户想观赏或聆听音乐时, 不必在成堆的 CD 里翻找, 只需走到电脑边,打开 iTunes 可以就获得想听的音乐。在 iTunes 的资料库里,储存着用户所有的媒体收藏,能够让用户的浏览速度更快,整理更简便,并且还能根据自己的心情随意选择播放哪个曲目。

不过库克十分清楚,虽然这是一种对付盗版很有效的方法,但要想说服唱片公司提供音乐给苹果公司却并不是一件容易的事。然而尽管困难重重,但库克和乔布斯还是想试一试。

他们的第一个行动就是跟唱片公司进行接触和谈判。在这方面,库克是一个当之无愧的高手。库克首先找到了华纳唱片公司和环球唱片公司,这两家公司是该领域当今世界上实力最强大的两家公司。随后双方进入了漫长而煎熬的谈判。为了说服公司与苹果进行合作,库克在再三权衡之后做出了有计划的让步,即同意对音乐进行数字版权管理,同时,保证 i-Tunes 上购买的音乐只限于在 3 台授权电脑上播放, 而音乐清单刻录的

CD 数量不能超过 7 张。

首次谈判,库克赢得了成功。接下来,库克又先后与博德曼唱片、百代唱片,以及索尼唱片签订了合作协议。2003 年 4 月 28 日,苹果 iTunes 音乐商店正式在上线,提供 20 万首歌曲,苹果同时发布了第三代 iPod。iTunes 首周的音乐购买量超过了百万首。没有让乔布斯和库克失望的是,iTunes 音乐商店一经上线就获得了巨大的成功。就在 iTunes 音乐商店上线仅半年后,库克又有了一个新举动,他成功说服了唱片公司将 iTunes 与 Windows 用户共享。直到此时,库克似乎已经更加清晰地看见了 iTunes 音乐商店的未来。

虽然 iTunes 音乐商店在自己地亲手打理下已经步入了正轨,但库克和乔布斯认为要想让 iTunes 音乐商店在数字音乐领域大有可为,还有很多地方需要进一步完善。

和乔布斯一样,库克的眼里不仅只有美国市场,随着 iTunes 音乐商店在美国市场上获得成功,库克意识到 iTunes 音乐商店还可以拓展出更大规模的市场。当他把进军欧洲市场的想法告诉给乔布斯时,得到了乔布斯的认可。

在经过一系列精心地准备和策划之后,在 2004 年苹果公司便陆续在欧洲部分国家推出了 iTunes 业务。iTunes 业务在这些欧洲国家一推出,就获得了音乐迷的热烈欢迎。据报道,在运营的第一个星期里,英国、法国和德国的音乐迷们的总下载数量就超过了 80 万首,在不到十天的时间里,仅英国下载的歌曲数量就达到了 45 万首。截止到 8 月 30 日,iTunes 音乐网店已经卖出了十亿首歌曲。

而在 2007 年的春天,苹果公司又在欧洲的卢森堡发布了其视频平台,开始面向欧洲市场销售视频。

这是一个极其难得的合作机会,为了达到这一目的,苹果公司和卢森堡的官员进行了长达几个月的谈判。对此,库克说:"谈判确实有些漫长,但我们最终达成了愿望，这将是苹果在线视频业务进攻欧洲市场的开始。"

库克是一个心思缜密、竞争意识极强的人,为了进一步完善 iTunes,为消费者提供更加周到的服务,库克建议收购一家名为 Lala 的在线音乐零售网站。

这是一家新兴的流媒体音乐网站,早前,这家公司曾开发出了一种应用程序, 该程序可允许用户购买在线听歌的许可。其在线曲库共有超过800 万首的歌曲,用户可以以类似网络电台的方式免费收听,选择某一首歌曲第一次收听也是免费的。在成为注册用户后,Lala 会扫描用户本地电脑上储存的所有歌曲,将其目录添加至用户的自定义曲库中,以后在任意联网设备上都可以随时收听,也可以和好友分享。如果要增加一首歌曲随时无限次在线收听的权利需要付费 0.10 美元,下载 MP3 格式歌曲的收费则为 0.79 美元。

库克看中的正是这家公司的的技术团队以及在云计算音乐服务领域的经验。

于是在经过几番谈判之后,苹果公司最终在 2009 年 12 月以 8500 万美元的价格收购了 Lala 在线音乐网。此后,Lala 可以为苹果带来从浏览器端访问音乐的技术。允许用户无需下载,在任何地方都能通过网络购买和收听音乐,从而打造了一个新型 iTunes。

库克的目标是要让用户可以在线管理音乐,而无需到 iTunes 下载音乐,而且只能在一台电脑上管理自己的音乐。用户只需要登录 iTunes 账号,就能在任何电脑上收听自己的音乐。这一技术不仅可使苹果能在其他网站销售音乐,还能直接在网络搜索结果上销售音乐。

在库克地努力下,苹果的 iTunes 在短短的几年时间内就成为了当今数字音乐领域里的佼佼者。凭借着独特的服务优势,苹果公司稳稳地占据着头把交椅。也许是"数字音乐"这块蛋糕足够鲜美,很多其他公司也开始经不住诱惑,想要涉足其中,和苹果公司展开较量。对于这些试图瓜分市场的巨头们,乔布斯和库克不仅了如指掌,而且信心十足。

苹果的第一个竞争对手是微软公司。作为微软的掌门人,比尔·盖茨自然不甘心苹果在数字音乐领域始终保持其霸主地位。于是在 2004 的 8 月,微软高调宣布在 MSN 在线服务中提供在线音乐的下载,其每首歌曲下载的价格为 0.99 美元,与苹果电脑在线商店的价格相同。与此同时,比尔·盖茨还表示微软将会加强与硬件厂商的合作,努力开发出新的,具有竞争力的数媒体设备。

仅仅过了一年之后,微软便推出了自己的数字音乐商店——MSNMusic。而在 2006 年的 7 月,微软又推出了自己的 Zune 音乐播放器和网上音乐商店。同时,微软还与世界第三大音乐唱片公司百代达成了合作协议,百代将为微软数字媒体播放器 Zune 提供预装的音乐视频文件。

苹果的第二个竞争对手是日本的索尼公司。作为消费电子巨头,索尼公司一直在数字音乐市场保持着自己的霸主地位,然而自苹果推出 iPod 后,索尼的市场份额便一点点被苹果公司蚕食,这让索尼公司十分不快。为了重新夺回自己在该领域的市场份额,索尼公司表示将会不惜一切代价占领全球数字音乐市场。为此,索尼计划发售债券募集 1000 亿日元的

(约合 8.5 亿美元)资金,以重振消费电子业务。

苹果的第三个竞争对手便是老牌手机制造商诺基亚公司。为了和苹果公司抗衡,诺基亚公司出资 6000 万美元收购了美国数字音乐发行商 loudeye 公司。据悉,loudeye 公司拥有着容纳了 160 万首歌曲的数字音乐平台,诺基亚公司就是想利用这一平台创建自己独立品牌的网上音乐商店。

苹果的第四个竞争对手是韩国的三星集团。2006 年 9 月 1 日三星公司宣布,将推出自己的音乐服务,并将在年底发布一系列的新型便携式音乐播放器。为此,三星特意选择了美国的 MusicNet 网站作为自己的合作伙伴,该网站将为三星提供音乐下载销售以及注册服务。

在库克看来,要想抵挡住这些公司的围追堵截,苹果公司就必须不断完善自己的产品,提高产品的服务质量。

而在音乐商店方面,苹果所面临的挑战也十分严峻。

对于苹果音乐商店威胁最大的是雅虎公司。2004 年 9 月, 雅虎公司宣布以 1.6 亿美元收购基于网络的数字音乐和软件供应商 Musicmatch 公司。通过这项收购,雅虎的在线音乐的用户数将增加一倍以上,达到 2300 万。

另一家向苹果发起挑战的公司则是全球知名的青少年网站 MySpace。该网站将销售近 300 万支乐队发行的歌曲。该网站拥有着多达 1.06 亿的用户,可以说在进军数字音乐领域拥有得天独厚的优势。

而免费视频下载网站 YouTube 更是对苹果公司虎视眈眈。为了与苹果抗衡,该网站与美国华纳等多家唱片公司展开了合作,试图为用户提供免费在线流行音乐电视剧, 这一举措极大地冲击着苹果的付费音乐下载市场。

而面对苹果 iTunes 的强势冲击，零售业的老大沃尔玛公司也显得有些无可奈何。因为有了 iPod 和 iPhone，苹果 iTunes 音乐商店已经将沃尔玛零售音乐业务远远地甩了身后。

据某调查数据显示，在 2008 年的 4 月份，苹果 iTunes 音乐商店在美国音乐零售市场上占据了 19%的份额，成为美国第一大音乐零售商。相比之下，沃尔玛的线上音乐商店和线下实体店铺的销售额加在一起也才排名第二位，共占有 15%的市场份额。

这样的结局无疑让所有沃尔玛人感到郁闷。因为在此之前，作为世界零售业的主宰者，沃尔玛在音乐零售市场一直占据着首把交椅，没人能撼动它的位置。

其实早在 2003 年之前，沃尔玛就已经开始担心了。因为那时沃尔玛就已经发现已经有越来越多的人不再钟情购买 CD，而是转而下载盗版音乐。为此，它曾在 2003 年推出了在线音乐下载服务，每下载一首歌的价格为 88 美分，低于当时平均 99 美分的价格。到了 2006 年，不愿购买一张 CD 的美国青年人在所有青年人中占了 38%，仅仅过了一年之后，这个数字就增加到了 47%。在库克看来，这正是 iTunes 大显身手的最佳时机。所有热爱苹果产品的人们在购买 iPod 的同时也随之成为了 iTunes 的忠实顾客。

目前，苹果 iTunes 的曲库有 600 万首歌曲可供下载，共拥有 5000 多万用户，迄今歌曲销量总计已经超过了 40 亿首。沃尔玛担心的还不只是这一点，它还十分担心苹果会从其手中抢走影碟生意。

2006 年的 9 月，在库克的谋划下，苹果开始在 iTunes 网站上销售迪斯尼的电影。沃尔玛高层在得知这一消息后十分气恼。因为沃尔玛十分清楚苹果 iTunes 的实力，只要 iTunes 涉足此领域，沃尔玛就很难再从其中尝到甜头。

虽然 iTunes 获得了巨大成功，但库克并没有放松警惕，他时刻关注着这个领域的一举一动。在他看来，越来越受人关注的社交网站将是 iTunes 未来最强劲的竞争对手之一。在苹果登上音乐零售宝座时，拥有 1.09 亿用户的社交网站 Myspace 便宣布与三大唱片公司组建一家网络音乐合资企业，以便让用户在分享和记录自己音乐喜好的同时还能下载音乐。而据 Myspace 说，这些服务对广告很"友好"，这意味着 Myspace 可能会更多依赖广告营收而给消费者提供更低廉甚至免费的音乐下载服务。

为了与之进行对抗，库克开始和几家主要的唱片公司就"全自助"包月音乐服务模式进行谈判。他认为消费者或许会愿意花更高一点的价格购买 iPod 或是 iPhone，因为他们可以得到无限量的免费音乐服务。

而为了进一步完善 iTunes 的服务，苹果公司完全卸载了 Rendezvous 的音乐共享机制，这种机制可以使得原来的 iTune 用户可以在局域网内和任何一个也使用 iTune 的用户在线共享音乐，他们可以通过流式广播欣赏对方电脑上的歌曲，但是不能实现文件的下载。

这种有限的共享方式当初在推出后不久就被众多黑客盯上了。一时间网络上出现了很多效仿苹果系列软件命名规则的破解工具，在这些工具的冲击下，iTune 原本的限制最终被击破了。这些破解工具能将来自网络任意地点的访问伪装成为局域网内的访问，同时突破了流媒体的广播方式，而是实现了音乐文件的完全下载。

为了让消费者能够更方便地购买音乐，苹果公司还专门推行了一种购买机制,即只要消费者是在线付费购买了一首音乐,那么只要买者不在互联网上进行共享或者交易,至于买者个人怎么享用这首音乐 iTunes 完全不管!包括刻录光盘也好,包括下载到 MP3 随身听也好。总之,买者想如果享用自己购买的音乐就怎么享用,iTunes 不会给予任何限制。

2011 年,iTunes 商店创纪录地为苹果公司创造了 14 亿美元收入。2012 年 3 月,iTunes 月度覆盖人数已超过 3000 万,较去年同期增长近 1 倍,且近 5 年来同比增幅都在 4 成以上。网民渗透率达到 7.1%。

可以说,"iTunes 音乐店"在线音乐下载服务业务是在线音乐服务业务的一个里程碑,这种新模式的推出为各大唱片公司指明了自己未来的业务发展方向。

第六节　不急于进军移动支付市场

库克虽然竞争意识极强,但他并不是一个鲁莽之人。他为苹果公司所做的每一个决定都是经过深思熟虑之后才做出的。他深刻地知道,身为公司的掌舵人,他的任何决定都会对公司造成重大影响。

在如今这个高度商业化的世界里,商机无处不在。对于每一个公司来说,只有抓住这些商机,才能在激烈的市场竞争中立于不败之地。可是在一向处世冷静的库克看来,并不是每一个机会都是对公司有利的,有些机会看似是机会,其实很可能就是个陷阱。虽然如今的苹果公司已经成为了世界 IT 业响当当的大牌,但库克知道,苹果公司并不是一个全能型的公司,它并不能在每一个领域都可以游刃有余。苹果公司只有做到有所为,有所不为,才能继续做强做大。

鉴于此,当有人试图说服库克进军移动支付市场时,却被库克当即否决了。

近年来,由于以 appstore 为代表的线上应用软件商店的快速发展和电子商务企业对移动渠道的拓展、包括 NFC 在内的近程支付技术的开发和普及、消费者对支付方式多元化、便捷化、安全化的高度需求,使得移动支付市场成为了近年来发展最为迅猛的领域之一。

面对如此大好时机,全球很多公司都纷纷跃跃欲试,试图在这一市场上展开激烈的竞争。

2011 年全球移动支付用户规模达到了 1.41 亿, 较 2010 年增长了38.2%;交易金额也将由 2010 年的 489 亿美元增长至了 861 亿美元,增长率超过 76%。甚至有人说:"目前,全球已经进入了移动支付的'战国时代'。"

在这一领域表现最为突出的则是谷歌公司。

作为目前世界上发展速度最快的公司, 谷歌公司对于进入移动支付市场一直保持着积极的态度。在经过长达四个多月的精心准备之后,谷歌公司最终于 2011 年 9 月正式开通了谷歌钱包业务。

简单来说,谷歌钱包是一款手机应用,它能将用户的手机变成钱包,将塑料信用卡存储为手机上的数据,同时还会附带各种优惠。该业务使用的是近场通信技术(NFC,近距离通信),通过在智能手机和收费终端内植入的 NFC 芯片完成信用卡信息、折扣券代码等数据交换,力图通过智能手机打造从团购折扣、移动支付到购物积分的一站式零售服务。

对于这项新业务,谷歌公司信心满满,它们希望凭借这项业务能够使得谷歌公司在移动支付领域里彻底站稳脚跟。然而事与愿违，这项业务的实际表现远远不及谷歌的预期，并非获得广泛的接受。

据知情人士透露，2012年3月，负责谷歌钱包业务的两名经理已经向谷歌提出辞职。原因是这项业务的市场表现有些糟糕。

虽然谷歌钱包看上去很方便，用户在购买东西、吃饭、坐出租车时，只需掏出手机轻轻一刷，支付即可完成。但即便如此，这款移动支付产品的推广却十分不顺。支持该业务的运营商和手机机型少之又少，远未达到谷歌预期。

谷歌虽然是当今世界上最强大的IT公司之一，但即便如此，它也无法在电信运营商、手机制造商、信用卡公司、银行、商户组成的复杂利益链条中杀出一条新路来。导致谷歌钱包失败的一个重要原因就是谷歌无法完美地协调众多玩家的利益。换句话说，这条产业链由谷歌、电信运营商、手机制造商、信用卡公司、银行、连锁商户组成，而每一环节都是各自领域的巨头。正是这种复杂的利益链，使得谷歌钱包一面世就面临着巨大的挑战。

在全世界众多运营商眼里，刚刚起步的移动支付早已被他们看做是一个绝佳的获利良机，所以当谷歌推出这项业务时，顿时就引来了这些运营商的不满。

对用户来说，谷歌钱包使用体验方便。用户消费时，只需将手机往商户读卡器上一刷，即可完成支付。谷歌钱包账户关联着用户信用卡账户。此外，当用户智能手机安装谷歌钱包软件后，还可以关联上会员卡和打折卡，消费同时享受积分和打折服务。

不过一个消费者使用谷歌钱包，环节众多。

首先,其需要有一张花旗银行发行的带有"万事达"卡标识的信用卡,然后,必须有一台由美国运营商 Sprint 发行的带有 NFC 支付芯片的智能手机。截至目前,只有三星公司生产的 GoogleNexusS 及 LG 公司生产的 LGViper 等 6 款手机支持这一功能。最后,其还必须找到支持移动支付刷卡的商店才能完成支付,美国可供支付的店铺有 14 万家。

本质上,谷歌钱包是一个很像 Android 的开放产业链。但由于谷歌在支付领域并不占据核心资源,而且对联盟成员缺乏控制力,这就使得这个联盟变得异常松散,难以形成合力。

其实,谷歌在刚刚推出谷歌钱包时,就已经和电信运营商产生了矛盾。作为美国最大的移动运营商 Verizon 公司,就以该业务存在安全漏洞为由,拒绝与谷歌合作。这就使得谷歌只好和规模最小的运营商 Sprint 合作。

而苹果 iPhone 的推出则使得移动运营商对手机内容的控制力被大大削弱,为了加强对产业链的控制,各大运营商急需找到一个新爆发点,于是刚刚起步的移动支付就成了他们的首选目标。

此外,手机终端缺乏控制也是谷歌钱包失败的一个重要原因。由于谷歌只能找到少数关系好的手机厂商支持其支付功能,这就导致谷歌钱包业务很难铺开。

对于谷歌的一举一动,库克始终在密切关注着。对于谷歌钱包业务的表现,库克更是看在眼里。鉴于谷歌钱包业务的前车之鉴,库克认为苹果公司不能冒冒失失地就闯进移动支付市场里去,否则很可能会遭到和谷歌一样的失败。而当前,苹果公司需要做的就是静等时机。

库克的冷静是出了名的,虽然有数据显示 2016 年移动支付交易总额将会超过 6000 亿美元，远远高于今年的 1720 亿美元。但库克仍旧是稳如泰山，不为所动。

一直以来，苹果公司对于新市场常常会采取的"等等看"的战略。虽然苹果公司在很多行业里已经做到了最大、最强，但很多时候，苹果公司并不愿意充当急先锋的角色。

对此，美国投资银行派杰分析师吉恩·蒙斯特曾说："苹果一直都是跟在其他公司身后进入某个新市场。"他引证指出，苹果在 MP3 播放器、智能手机和平板电脑等市场上都是如此。"它们会让竞争对手为其进行研究工作。"

中国有句古话叫："三思而后行，谋定而后动。"身为苹果的掌门人，库克深谙此理。

第七节　住出租房的单身工作狂

库克曾说："金钱并不是我工作的动力。"是的，和乔布斯一样，库克是一个追求完美，崇尚竞争的人。在他眼里，再多的金钱也不如做好一件事的成就感吸引他。所以，对于金钱，库克始终保持着距离。他崇尚节俭，不喜欢买豪宅，他喜欢骑自行车，不喜欢开豪车，打高尔夫。他认为生活是自己的，而不是别人的。

2012 年 4 月 9 日消息，据《纽约时报》报道称，由于 2011 年薪酬比 2010 年提高 2%，库克成为 2011 年美国薪酬最高的 CEO。

据某资料称，库克在 2011 年的总收入将近 3.78 亿美元。而相关数据显示库克在未来 10 年还会赚到更多的钱——2016 年,库克就将获得 100 万股受限奖励股票的 50%,剩下的将在 2021 年全部归库克拥有。

我们可以做一个大胆的猜想,如果库克能够让苹果公司的股票未来 10 年都保持在现有水平的话,届时他将会得到平均每年 4000 万美元的回报;假设苹果公司陷入困境,现有的股票价值在未来 10 年只能保持平均每股 200 美元的水准,库克仍然可以得到平均每年 2000 万美元的回报。

如此高额的回报对于任何一个人都充满了诱惑力。所有人都希望自己是个百万富翁、千万富翁,甚至是亿万富翁,因为那样的话,就可以过上奢华的生活。然而,对于库克来说,金钱却并不是他工作的动力。虽然他是当今世界上数一数二的富翁,但他的生活却十分节俭。

根据由《财富》杂志的知名驻硅谷记者亚当·拉辛斯基撰写的,即将出版发行的一本新书《苹果内幕》中节选的内容来看,库克是"非常节俭"的人:在一个讨厌谈及金钱的组织中,库克是个格外节俭的人。在他出售超过 1 亿美元苹果股票后, 他仅仅在 PaloAlto 地区离乔布斯不远的地方租了一所普通的房子(在 2010 年,库克终于购置了一处属于他自己的房产,但也是极其普通的房子。相关记录显示,他购置的房子价值 190 万美元,在 PaloAlto 地区只能算普通房产)。

当被问及为什么他要住得如此简朴的时候, 他曾表示说:"我想提醒自己来自于哪里,而置身于普通的环境中能够帮我做到这点。金钱并不是我的动力源泉。"

库克虽然是一个工作狂,但在工作之余,他也会找一些喜欢的运动放松一下自己。和很多大腕们喜欢打高尔夫不同,库克喜欢骑自行车。

他认为骑自行车可以让他有一种自由自在的感觉，同时在骑自行车时，他还能享受到难得的和自己相处的时间。

　　如此悠闲的时光，对于工作繁忙的库克来说，实在是有些奢侈。不过，库克认为健康是人最大的财富，只有有了健康的身体，才能去做任何自己喜欢的事。所以，他常常对人说："虽然我们在工作时要全情投入，但工作并不是生活的全部，我们必须要为自己留出足够的时间去进行体育锻炼，否则当有一天我们发现自己身患疾病时，我们就会手足无措。"

下 篇
库克用什么来执掌"苹果方舟"

　　一艘巨轮能否安全航行，要看那个舵手。作为苹果公司的第一个掌舵人，乔布斯成就非凡，他也因此获得了全世界果粉的赞美。在乔布斯的掌舵之下，苹果公司从一个默默无闻的小公司一跃成为当今世界高科技企业里的佼佼者。而在此期间，库克作为乔布斯的最佳拍档，也同样为苹果公司的发展做出了不可磨灭的贡献。于是，当乔布斯因病离世后，库克顺理成章地成为了下一个执掌苹果的人。有人曾怀疑库克的能力，认为他无法和乔布斯相比，甚至有人质疑，库克领导下的苹果能否继续乔布斯时代的辉煌。而事实是库克用自己近一年多的表现，证明了自己并不比乔布斯差。相信，在库克的执掌之下，苹果公司会有一个节节上升的美好未来。

第四章
运营天才的积累期
——乔布斯创业时库克在做什么

作为苹果公司的运营天才，没有人会怀疑库克的工作能力。其实如此出色的能力是需要积累的。翻开库克的履历，我们不难发现，库克曾经工作过的公司都是业内数一数二的企业。他在号称"蓝色巨人"的 IBM 供职长达 12 年，在这段时间里，库克一方面为公司贡献了自己的聪明才智，同时也积累了很多工作经验。最终这位运营天才被乔布斯慧眼识珠。

第一节　供职 IBM 长达 12 年

乔布斯之所以会在苹果公司正处于困境中时，邀请库克加盟，其实他看中的正是库克卓越的运营能力。所以当库克正式加入苹果公司时，乔布斯很快就让库克当上了公司的首席运营官，让其负责公司的日常运营。

事实上，看中库克出色的工作能力的人不止苹果公司一家，素有"蓝色巨人"之称的 IBM 公司也曾十分欣赏库克。当库克还是一个大学生时，

IBM 公司就已经盯上了这个性格沉稳、办事严谨的人。于是在库克刚刚踏出大学校门时，IBM 就向库克抛出了橄榄枝。当时对于很多大学毕业生来说，能够进入像 IBM 这样的国家大公司工作将是他们一生的荣幸，而库克却轻而易举地成为了同学们艳羡的对象。

库克在 IBM 供职长达 12 年之久，期间他的工作主要是负责 PC 部门在北美和拉美地区的制造和分销工作。

众所周知，IBM 的 PC 业务曾在上个世纪 80 年代初期有过一段十分辉煌的历史。1981 年的 8 月 12 日，IBM 公司正式推出了世界上第一台 IBM PC，这个消息在当时轰动一时。由于 PC 的出现，人类的文明进程在随后的 20 年里获得了空前的加速度。

第一台 IBM PC 采用了主频为 8MHz 的 Intel8088，操作系统是 Microsoft 提供的 MS–DOS。IBM 将其命名为"个人电脑(Personal Computer)"，不久"个人电脑"的缩写"PC"成为所有个人电脑的代名词。让所有 IBM 人感到惊奇的是，这款个人电脑一经面世就受到了广大消费者的青睐，在此之前，IBM 公司曾预计在未来的一年中估计会售出 241683 台，然而让所有人都想不到的是，用户对于 PC 的需求十分强烈，实际上一个月的 PC 销售量就已经超出了预计。IBM PC 被推出数月后，势头迅速压过风头正劲的苹果。

1983 年 1 月 3 日出版的《时代周刊》破天荒地将 PC 列为"年度风云人物"，配图用的就是 IBM PC。《时代周刊》写道："有时候，在一年中最有影响力的不是一个人，而是一个过程；而且整个社会都普遍认定，这一过程将改变所有其他的进程……因此，《时代周刊》将 PC 选定为 1982 年的年度人物。"

库克是这次胜利的见证者,同时也是参与者,因为此时库克的工作正是负责分销 PC。

在当时,库克就表现了出色的营销能力。在他的努力下,IBM PC 销售一路攀升,到 1985 年售出了超过 100 万台。PC 事业部成为了年收入达 45 亿美元,拥有上万员工的 IBM 的大部门。

对于 IBM 公司这个老牌计算机企业来说,由于其在业界里独一无二的地位,使得它在刚开始时根本无需考虑产品销售问题。只要是 IBM 推出的产品,就一定会受到广大消费者的欢迎。可以说当时计算机的定价标准就掌握在 IBM 的手里。这种状况一直持续到了上个世纪 70 年代。这一史前,IBM 的营运收入主要来自大型客户。而在此之前,IBM 的系统推销或用租赁,或用销售方式,已经为公司赚足了资金与利润,而且软件与软件服务亦采用租赁方式,与软硬件套装策略(packaging strategy),顾客必须全盘接受 IBM 的软硬件与服务合约,才能获得 IBM 系统与服务。IBM 由于先入市场,顾客最多,早已家喻户晓,因此公司不用采取什么广告策略,就能获得大量生意。

但随着时间的推移,到了 80 年代以后,世界计算机市场已经发生了巨大变化。此时很多竞争者都已开始崭露头角,IBM 传统的优势地位出现了撼动。虽然在 20 世纪 80 年代 IBM 推出了 PC 个人用计算机,但因未把握住好的时机,而且不谙通路策略,一直没有什么起色。

在库克看来,IBM 已经到了在广告下功夫的时刻了。他认为如果公司还不提高对广告营销策略的重视,那么在未来,IBM 公司将会面临严峻的挑战。

于是在库克的建议下,IBM 公司一改往日对广告营销不屑一顾的偏见，开始逐渐加大了广告宣传力度。作为负责北美和拉美地区分销负责人，库克在开展工作时，更是长袖善舞，充分发挥了自己在营销方面的天赋，最终使得 IBM 的 PC 在北美和拉美市场站稳了脚跟。

而就在库克在 IBM 公司尽心竭力地工作时，乔布斯也已经迈出了他在计算机领域的第一步。此时的他们还是互不知晓的陌生人，也许连他们自己都没想到，日后他们会聚在一起，并且打造出了一个在世界 IT 业内独领风骚的大公司。

第二节　牵手康柏六个月

在加盟苹果之前的六个月，库克曾任职于著名的康柏公司，负责材料采购和产品存货管理。具体时间是 1997 年 10 月到 1998 年 3 月。

康柏公司创建于 1982 年 2 月，是一家以生产电脑著称的企业。1984 年，收入达 1.112 亿，创美国商业纪录。1985 年年收入达 3.29 亿，创行业纪录。股票在美国纽约证券所上市。1986 年收入达 5.039 亿，创美国商业纪录。个人电脑销售达到 500000 台，进入全球财富 500 强。1987 年第一百万台个人电脑售出。1988 年销售收入报告销售额达到 12 亿美元。1989 年推出康柏笔记本。推出第一台服务器 server。1982 年推出第一台打印机。1983 年，把 PCDivision 分成 Desktop 和 NotebookPC 两个部门 1995 年取得全球范围内第一大 PC 市场份额。1998 年 Forbes 杂志命名康柏为 1997 年度公司。

回顾康柏公司的发展历史，我们会发现，这也是一家世界高科技企业里面的大佬。

1997年到1998年，是康柏公司发展的高峰期。为了加强公司在原料采购和产品存货方面的管理，康柏公司找到了擅长库存管理的库克。

刚一进入公司，库克就被康柏高层委任管理公司的原料采购和产品存货。虽然库克在康柏任职的时间并只有短短的几个月，却做出了成绩。

何为存货管理呢？对于一个公司来说，存货是其重要的资产，但前提是只有把存货卖出去，公司才能实现盈利。倘若存货卖不出去，导致存货量过大的话，将会对公司造成重大损失。如果一个公司的存货不能在短时间内被出售的话，公司就不得不面临管理存货的问题。也许有人会认为存货管理是一件很简单的事，只要把货物好好地存放在仓库里就行了。其实事实并非如此，公司的存货管理是一个很复杂的问题，涉及到很多方面。

首先，存货管理是有成本的。作为一名管理者，这是一个必须要考虑的问题。存货具有三个特点：存货是有形资产，而不是无形资产；存货具有较强的流动性。在企业中，存货经营处于不断销售、耗用、购买或重置中，具有较强的变现能力和明显的流动性。存货具有时效性和发现潜在损失的可能性。在正常的生产经营过程中，存货能够规律地转变成货币资产或其他资产。但长期不能耗用的存货，就可能变成积压物资或降价销售，从而给企业造成损失。

鉴于此，作为管理者就必须要时刻关注产成品、自制半成品、原材料、在产品和低值易耗品等各类存货的数量是否合适，相互之间的比例关系是否恰当。这也是库克的工作。

在库克加入康柏之前，康柏在存货管理方面做得有些欠缺，也就是由于这个原因，所以康柏找到了库克。

在对康柏的存货问题进行了仔细地研究之后，库克最终决定把戴尔公司的存货管理引入康柏公司。因为他此前曾对戴尔公司的存货管理进行过详细的研究，他发现戴尔的存货管理在当时是最有效的。

戴尔一直保持着比个人电脑行业平均水平高好几倍的增长速度，其中一个重要原因就是高效率的存货管理，这使得戴尔的存货周转周期仅为 8 天。

在引入了戴尔的存货管理模式后，康柏的存货管理情况得到了大大改善，存货周转最短时只有 4 周。

在库克看来，康柏公司的存货要保持在一定的限度之内才行。为此，公司存货管理要做到以下两点：

1.存货量要保证生产或销售的经营需要。

一般来说，即使市场供应量充足，康柏也很难做到随时购入生产或销售所需要的各种物资。这不仅因为市场上随时可能会出现某种材料的断档，还因为康柏距供货点较远而需要运输及可能出现运输故障。一旦生产或销售所需物资短缺，生产经营将被迫停顿，造成损失。为了避免或减少出现停工待料、停业待货等事故，康柏保持一定的存货。

2.要充分考虑价格问题。

库克认为零星采购原材料等物资通常难以取得价格优势，批量购买才能得到比较划算的价格优惠。但如果存货购进过多，往往会占用较大的资金，这就增加了闲置资金，并降低了资金的使用效率，存货占用资金是有成本的，占用资金越多成本越高。此外，大批量采购存货还会导致仓储、保管、维护及管理等费用的增加。因此存储存货是有成本的，且是不容忽视的。

库克说："存货管理的目标是要最大限度地降低存货投资上的成本，

即以最小的成本提供公司生产经营所需的存货。企业应当在两者之间作出权衡，达到最佳结合。"为了解决这一问题，库克采取了确定经济订货批量的方法。库克认为如果康柏公司不能对存货采购进行有效的财务管理，不制定一个适合公司的最佳的存货进货批量的话，就会导致公司的存货管理跟不上市场变化的速度。倘若公司存货采购保持在一个合理的范围之内的话，就完全可以避免出现这一问题。其实从本质上说，这就是康柏存货决策问题。

存货决策通常会涉及到四项内容，即：决定进货项目、选择供应单位、决定进货时间、决定进货批量。

决定进货项目和选择供应单位是销售部门、采购部门和生产部门的职责。财务部门要做的是决定进货时间和决定进货批量。经济订货量或经济批量就是使存货的总成本最低的采购量。计算出经济订货量后，就可以计算出最佳进货时间了。

经济订货量是以企业的经济效益为目标，研究订货量的多少与企业费用大小之间存在的各种数量关系，以寻找最佳订货量的一种方法，其目的是使存货总成本最小化。

而存货成本则分为三类，即：存货的取得成本、储存成本和缺货成本。

存货的取得成本包括存货的订货成本和购置成本。订货成本是指取得订单所需要的必需成本，比如，采购部门的基本开支、采购人员的差旅费等支出；购置成本是指存货的取得价值。

这些问题都是库克要考虑和衡量的问题。针对康柏公司的实际情况，库克采取了一系列具有针对性的改革措施。

对于库克来说，供职康柏，负责管理存货进一步丰富了他的管理经验。

第五章
精益求精
——继承乔布斯的完美主义

对于一个想要成为业界巨无霸的公司来说，追求完美是一种美德。想要让自己的产品击败对手，就必须要做到精益求精，这是乔布斯始终坚持的经营理念。和乔布斯一样，库克也是一个出了名的完美主义者。他不相信一件有瑕疵的产品会得到广大顾客的喜爱，他也不相信一个凡事都马马虎虎的公司会成为一个业内顶尖的公司。

第一节　"完美主义"深入骨髓

苹果公司的完美主义已经深入骨髓，从乔布斯建立公司之初直到库克接任 CEO 的今天，这一理念始终没变，并且已经变得根深蒂固。

一直以来，也许是工作侧重点的不同，库克给人的印象是，在产品技术研发上的激情和能力要比乔布斯逊色得多。但事实是不是如此呢？答案是否定的。

虽然一直以来，库克的工作重点不在产品的技术上，但作为公司的新任CEO来说，库克深深地知道这一点的重要性，所以他一直在为此努力，希望能够把乔布斯的精神理念继承下去。

作为一个在苹果公司工作了十几年的老员工，库克对于苹果公司的完美主义哲学了解得颇为透彻。因为他亲眼见证了乔布斯是如何要求苹果团队的，以及苹果团队是如何努力做到"完美"的。

乔布斯曾说过一句话，库克一直记得。乔布斯说："我们有世上最优秀的人才，他们每天都在互相鞭策以制造出最好的产品。这就是你在这里的墙上看不到任何写着使命宣言的大海报的原因。我们的企业文化非常简单。"

乔布斯之所以这么说，正是因为他一心想把苹果公司打造成为世界上最优秀的公司，把苹果团队打造成为世界上最优秀的团队，把苹果产品打造成世界上最优秀的产品。

对于乔布斯的这种渴望，库克十分理解，并且也十分赞同。因为追求完美也是库克一直以来的工作作风。他是圈子里出了名的完美主义者，也正是因为这样，使得他成了很多著名企业追逐的对象。然而，他却最终选择了苹果公司。有人曾问他为什么会选择苹果，他说："我喜欢它的工作氛围，我喜欢它那种追求完美的精神，在那里工作，我会感到无比地充实。"在他眼里，苹果公司有着一种独特的气质，这使得苹果公司和其他公司大为不同。很多公司为了保证正常的运行，往往都有精确的流程管理，严格的制度规范，整个公司就像是一台机器一样有条不紊地运转着。但苹果公司却不是这样，事实上，苹果公司并不像是一家公司。它不像其他公司那样会制定一个远大的销售目标，就像微软的目标是"让每个人的桌子上都有一台电脑",但乔布斯的目标却是要制造出世界上最完美的产品,而能不能成为全球最大或是最富有的公司并不是乔布斯真正关心的。

苹果公司始终崇尚海盗精神,乔布斯总是会对员工们说:"我们要做一个海盗。"更有意思的是,为了激励员工做得更好,他甚至还让员工把自己的名字刻在自己研发的产品上。

很多了解苹果公司的人都说,苹果公司根本不像公司,它更像是一个艺术家俱乐部。库克是最了解乔布斯的人,对于这一点,库克深有感触。

乔布斯是一个艺术家,追求完美主义是他与生俱来的特质,他无法接受不完美的东西。而在管理苹果公司的过程中,乔布斯把他这种追求完美的精神全都带到了公司内部。事实上正是这种近乎于偏执的追求完美的精神使得苹果公司确立了自己的企业文化,并且在这种企业文化的熏陶下,苹果公司创造出令人叹为观止的业绩。

在苹果开发麦金塔电脑这件事上,乔布斯追求完美的精神特质得到了充分的体现。

1992年,乔布斯准备研发麦金塔电脑,于是就组织了一个精英团队。在这年的9月底,乔布斯把他的麦金塔电脑小组带到了距离公司100多英里的帕哈楼沙丘城,举行了一个静修大会。参加大会的成员约有100人,平均年龄为28岁。

对于这个年轻的团队,乔布斯抱有极高的期望,活动刚开始时,他就对他们说道:"做海盗比做正规海军棒多了。让我们一起干海盗吧!"接着,他又写下一句富有煽动性的口号:"热爱你的工作,一周奋斗90个小时吧!"乔布斯是想让团队的每一个成员知道,他们正在从事一件意义非凡的工作。

让人吃惊的是，乔布斯竟然还为这个活动专门制作了一件 T 恤衫，上面印着海盗"两个字。接下来，乔布斯便给每人发了一件。不过很快大家就发现了不同。有些人的 T 恤衫的左胸下面印有一行小字："麦金塔骨干"。原来，乔布斯是想通过这种差别待遇的方式，来刺激这群自命不凡的员工。

多年之后，当库克听说了这件事时，他语重心长地说了一句话："乔布斯对于完美的追求已经深入骨髓了。"而当他了解了麦金塔电脑的整个研发过程之后，他更是吃惊不已。

为了按计划推出这台举世惊叹的麦金塔电脑，乔布斯和他的团队可谓煞费苦心。经过了很长时间的努力之后，很多核心工作都已完成，但还有很多棘手的问题需要尽快解决。为了让大家完成最后的冲刺，乔布斯便举行了这次静修活动。他想通过这次静修大会，营造一个士气高涨的氛围，进而鼓励每一个成员保持旺盛的斗志，向着终点做最后的冲刺。在他的煽动下，每个"海盗队员"都感觉自己是特立独行，与众不同的。

这个麦金塔电脑研发团队全都是由苹果公司里的精英组成的，为了精心做研发，他们甚至与世隔绝了起来，这使得他们的工作效率远远高于其他任何一家计算机公司，甚至令整个计算机产业界为之汗颜。短短两年时间，麦金塔电脑小组的成员就研发出了当时世界上最出色的电脑。也就是从那以后，海盗精神成了凝聚苹果团队的灵魂。

追求完美的乔布斯十分注重营造团队成员的工作氛围。他认为伟大的事业需要一群忠诚于共同理想的人，团结一心。如果你无法激励别人一起为你的理想而奋斗，你就无法取得成功。他曾说："就像你想把许多东西搬上山一样，你自己一个人是干不了的。"

为了给团队提供一个良好的工作环境,乔布斯做了很多精心的准备。他常常把团队成员带到风景名胜区开会,晚上不工作的时候,常会带着团队成员去酒吧喝酒跳舞,尽情地放松。

不过,众所周知,乔布斯对员工的要求向来极高,甚至已经到了苛刻的地步。他要求每一个员工都要有使命感,要有高远的目标,并且时刻做好 24 小时工作的准备。

为了让公司所有人都把这一要求铭记在心,乔布斯还撰写了一份苹果公司文化备忘录:

让世界上每一个人都拥有电脑,

是我们的梦想,并且我们为此积极努力着。

我们齐心协力,奋斗不懈;

我们制造一流的产品;

我们生产与众不同的东西,同时从中获利;

我们手连手、心连心,不是赢就是输;

我们充满激情,富有创意,

共同开创公司的康庄大道。

我们所有员工都踏上了这趟冒险的旅程,

我们所作所为与公司的命运息息相关,

我们要为公司创造一片美好前景。

这是对追求完美精神的最好诠释。正是这样的企业文化赋予了苹果员工使命感,让他们确立了高远的目标,激励着他们努力做到极致。

乔布斯常常鼓励员工说:"让我们一起在这个世界上留下点儿印记吧。我们要努力创造出世界上最尖端的科技产品。"苹果的员工乔布斯就是这样潜移默化地把自己的完美主义灌输到苹果员工的脑海里的。在乔布斯的感召下,苹果的员工成为了梦想的追求者,他们对自己提出了更高的要求,他们希望能够通过自己的努力改变世界。

骄傲自满是人的本性,对于一个公司来说,当自己成为了行业里的巨无霸时,多多少少都会有点骄傲自满的情绪。然而在苹果公司,这是绝不允许的。苹果人十分清楚,即使它们已经成为了独一无二的佼佼者,也不能丧失梦想,不能丢掉追求完美的精神。他们不想做一个无趣的人,更不想为一个无趣的公司工作。他们希望自己要永远保持创造的激情,去随心所欲地实现梦想。

想要追求完美,就必须要时刻保持对工作的激情。对于这一点,乔布斯和库克的观点是一致的。他们认为很多人之所以会离开工作多年的公司,并不是因为他们想自己创业,而是因为他们已经对工作失去了激情。这是十分可怕的。向来追求完美的苹果公司,怎能允许这样的情况出现呢?

为此,乔布斯一直在公司倡导"内部企业家精神",他希望苹果的每一个员工都能始终保持创业者的作风,敢于大胆想象,冒险创新,为实现自己的梦想而奋斗。

正是这种内部企业家精神让苹果员工十分热爱自己从事的工作。因为热爱自己的工作,所以他们比周围的人工作都努力。他们不会感到自己在为苹果公司打工,而会觉得他们每一个人都在苹果这样一个平台上实现着自己伟大的梦想。这种实现梦想的渴望占据了他们的全部身心,赐予他们力量,最终激励他们创造出革命性的企业、产品和服务。

苹果公司是一个极其强调使命感的公司,这是乔布斯掌管苹果时就已十分突出,而当库克接手苹果之后,他仍然在强调。

乔布斯是一个对自己的工作饱含激情的人,因为这样,所以他追求完美,也正因为他追求完美,使得他总会对做得不好的员工发脾气。

然而尽管如此,却没一个人对他产生反感,而心生去意。因为他们欣赏乔布斯带给他们的激情。正如《财富》杂志对苹果公司团队精神的评价:"苹果公司有大量工程师,但对他们来说,不是仅仅拥有技术优势就够了,他们还必须具有激情。激情是克服设计和工程障碍、准时完成项目的动力;激情能促成同事间的良好竞争,让弱者淘汰,或者反对不能胜任的上司。库克说:'心脏承受能力不强的人,不适合在苹果工作。'"激情是苹果最不可或缺的资产之一。

苹果公司追求完美的一个典型表现就是他们希望"把苹果产品当成艺术品来做。"

乔布斯在执掌苹果时,经常把这话句挂在嘴上,而作为乔布斯的继任者,库克也同样如此。

乔布斯曾在接受采访时说过这样一段话:"人这辈子没法做太多事情,所以每一件都要做到精彩绝伦。因为,这是我们的人生。人生苦短,你明白吗?总有一天你会离开人世,所以,我们必须为我们的人生做出选择。我们本可以在日本的某座寺庙里打坐,也可以扬帆远航,我们的管理层还可以去打高尔夫,他们也可以去掌管其他公司,而我们全都选择了用我们的一辈子来做这样一件事情。所以这件事情最好能够做到完美无缺。"

"苹果产品=艺术品"这是苹果产品留给人们的最深刻的印象。在很多人眼里,苹果几乎成了"完美"的代名词。一直以来,乔布斯的完美主义哲学深刻影响着苹果的每一个员工,而这也成为了他们工作的动力。

作为技术狂的乔布斯，常常像个艺术家一样不计成本，不计时间地"精雕细刻"着自己的"艺术品"，直到它完美无缺。

苹果一年甚至几年才会出一件新品，尽管在数量上无法与其他电子企业抗衡，但苹果产品的销售业绩却让其他企业望尘莫及。在乔布斯的眼里，产品要么完美无缺，要么就是垃圾。员工要么是天才，要么就是笨蛋。事情只有极其重要和无关紧要之分。虽然乔布斯也曾为他的偏执吃过亏，但他却死性不改。乔布斯这种执着的精神一直都是库克所欣赏的。

乔布斯曾说："如果你只想买大路货，就去买戴尔的产品好了。"

对于苹果的每一款产品，乔布斯都认为应该把其做成完美无缺的艺术品。在重新回到苹果之后，乔布斯对于苹果的每一款产品都严格把关，在他的监督下，每款产品都是一再打磨的精品。如果发现产品有一点瑕疵，乔布斯都会要求设计者推倒重来。

在产品出炉之后，乔布斯同样不放松警惕，他总会提出更多的意见，总是说："还可以再完美一点。"可以说，对于产品的设计，乔布斯有着极高的品味和美感，因此，他对设计者总是会提出一些近乎于苛刻的要求。

对此，苹果 iDVD 的设计师伊万里斯特深有感触，他曾说："iDV 这些看似简单的模板是从世界一流的菜单设计公司精心设计的几百个作品中筛选出来的。乔布斯每周都会让我看一大堆不同的设计方案，几乎将所有方案驳回，除了那一个或两个。即使那些免于被驳回的一两个方案，也还需要我们做大量工作，才能让它们变得完美。"

在乔布斯的监督下，苹果的每一个设计师都深感压力巨大，他们甚至都不能轻轻松松地喝杯下午茶。不过虽然压力大，但这些设计者们却从没有任何怨言，因为他们也十分清楚：设计没有最好，只有更好。

有这样一个故事，当时苹果的工程师们经过艰辛地努力，已经完成了 iPhone 的设计。此时，他们终于能松一口气了。然而，很快，乔布斯就来检查了。当乔布斯发现躺在工作台上的一块电路板完全不符合他的要求时，立马火冒三丈道："你们简直是在开玩笑！我想用的不是这样的电路板！"无奈之下，项目组的工程师们只好重新进行设计。

对于很多公司的管理者来说，由于工作繁忙，他们不可能对每一款产品都能做到细心检查。然而乔布斯却不是这样，虽然他每天都有很多事要做，但对于产品设计，他始终坚持一点：不放过每一个细节。

在乔布斯看来，只有关注细节才能换来长远的回报。所有人都知道乔布斯是一个关注细节的高手，在他看来，电脑机箱上螺丝帽的朝向，乃至键盘按键排列次序这样的小细节，都不容忽视。

在这一点上，乔布斯对库克的影响很大。在执掌苹果之后，库克也始终关注着每一个细节。为了创造出世界最完美的产品，库克要求设计师必须要疯狂地关注产品的每一个细节。例如 MacBookAir 笔记本电脑背面的螺丝钉的螺纹，以及隐藏接口的看上去显然没有任何重量的小门。如果你在讨论这些内容时，不能提出有建设性的意见，就不配进入苹果公司。和乔布斯一样，库克希望员工们能生产出一种在任何细节上都无可挑剔的产品。

如今，虽然乔布斯已经永远地离开了苹果，但苹果的员工却把乔布斯的这种精神永远地继承了下来。正因为苹果的员工时刻关注细节，才让苹果在与强劲对手的竞争中成为最大的赢家。例如，谷歌的 Android 操作系统，现在的销售情况十分不错，但当消费者使用了一段时间之后，就会发现 Android 与苹果的 iOS 操作系统相比缺乏一些闪光点。尽管，这样细微的差距不会让消费者觉得 Android 操作系统不如 iOS 操作系统好用,甚至可以说 Android 和 iOS 一样好用。但这点小小的差距,却足以让消费者怀疑谷歌的操作系统是否略逊于苹果。在许多情况下,苹果仅仅比谷歌多关注了一点点细节。但就是这一点点的细节,却让苹果将谷歌抛在身后,遥遥领先。

乔布斯就是这样,无论做任何事都必须要做到完美,也正是因为这样,苹果公司才创造出了一系列伟大的产品。

第二节　深信"精英文化"

和乔布斯一样,库克一直深信"精英文化",他认为精英文化是苹果公司独一无二的企业文化。多年来,在这种崇尚精英文化观念的指导下,苹果公司在全球最佳雇主排行榜上都名列前茅。

在苹果公司看来,体验的产生是一个艺术的过程,并非机械化规模制造;产品可以由代工装配,但体验必须由精英生产。

库克十分清楚,对于客户来讲,体验是一种情感;而对于企业来讲,体验绝不是被动地满足客户需求,而是洞悉一代人、一个时代,敢于且能够引导客户的一种创造力、一种精神、一种文化。

苹果公司之所以能够从起初一个名不见经传的小公司,发展到今天市值已经超过 2500 亿美元的高科技巨头。其背后隐藏着多种原因。有人说苹果公司的成功是源于它那一款款堪称经典的产品,这话自然没错。但我们应该注意到,又是什么让客户对其产品趋之若鹜呢?毋庸置疑,优秀的客户体验居于首位。这种卓越体验,首先体现在产品上,其次逐渐延伸到营销、服务以至品牌上。iPhone 手机、iPad 平板电脑,本来都不是全新的品类,但是,它们还在不断创造的商业奇迹使其他任何类似产品到目前为止难以望其项背。库克曾说:"苹果公司卖产品,更卖体验。"

然而,我们应该继续追问下去,那些堪称完美的产品是怎么被制造出来的呢?如果没有一个精英团队在背后的支持,怎么会有那些优秀产品的诞生呢?

库克经常对苹果的团队灌输这样的思想:当今社会已经步入了体验经济的时代。而对于 IT 公司来说,其产品的生命周期较短,人才、技术和产品的更新迅速。这种环境下,传统的技术不断升级的模式已经有些不合时宜了。所以对于苹果的团队来说,他们所面临的挑战是要不断实现客户体验升级。他们要竭尽全力为客户设计出更简洁、更友好、更方便的产品。苹果团队只有具备了这样的能力,才能始终保持自己的优势地位。

许多客户第一次走进苹果的店面时, 最大的感受就是苹果店的环境设计和其他 IT 电子产品的店面完全相异。在看上去朴实无华的桌架上,各种产品的展示、使用恰到好处。客户购买完毕走出店面时提的购物袋,也可以制造出一种独一无二的独特购物体验。这所有的一切都是苹果的团队努力的结果。

从行业角度分析,随着技术的普及和竞争对手的不断增加,厂商的成本可压缩空间和利润空间都趋于零。同时由于技术实现与需求的关系已经达到过饱和,在革命性的技术变革出现前,小规模技术改进对需求几乎没有任何刺激。所以对于苹果公司来说,"产品与客户共鸣"、"制造让客户难忘的体验"就应该被每一个苹果员工当成是公司制胜的法宝。

库克常对员工们说："我们要尽最大努力调动消费者的情感，一旦调动了他们的情感，需求自然而然就会产生。"

库克认为只有完美的设计者才能设计出完美的产品。因此，对于苹果的设计团队，库克一向要求甚严。他不允许这个团队在设计上有半点疏忽。

产品是客户体验的首要载体。苹果是全球在营销、服务和公关领域做得最出色的公司之一，但在苹果内部产品永远是第一位的。

在iPhone诞生之前，人们对于手机的想象力已经到了一个极限，然而真的到了极限了吗？真的不能有更大的突破了吗？对于这样的疑问，苹果的设计团队给出了否定的答案。就在人们已经没有任何想象时，苹果的设计团队为全世界带来了iPhone，它的出现让所有人都大吃一惊。

苹果的团队是一个从来不相信任何质疑的团队，他们的实力使得他们一次次从别人的质疑和批判声中突围。iPod推出时，批评家认为它是"idiots price our devices(白痴为我们的装置定价)"的缩写。iPad推出时，业界都质疑在笔记本和手机之间是否存在这样的一个缝隙市场。但事实证明了苹果公司的正确，这种正确的核心是"卓越体验的革命性产品"，而在这产品的背后站的是苹果那个精英团队。

库克不希望苹果的团队有满足于现状的心理。当那些精英们创造出具备优秀客户体验的产品原型后，库克却对他们说："我们还有很多事要做，我们还可以创造出更好的产品。"于是，在库克的号召和带领下，这个精英团队再一次"上路"了。他们创造了多点触摸技术、重力感应系统等等。为实现更好的客户体验，苹果对细节的关注同样近乎苛刻。苹果产品的底色之上都有一层透明的塑料，能够为产品带来纵深感，这被称为"共铸"。为了实现这种体验,苹果的团队与市场营销人员、工程师,甚至跨洋的生产商合作,最终采用了新材料和新流程,保证了工艺在所有产品上的大规模实施;几乎所有科技产品在塑料或金属的接口处都有缝隙,但苹果公司创造了新的工艺,保证产品没有缝隙。所有的产品上只有线条,而没有缝隙,甚至没有任何可见的螺丝,这就是质量和优雅的客户体验基础。苹果的平台体验负责人专门配了一副钟表修理工使用的高倍双目放大镜用来反复搜索屏幕上的每一个微小像素的可能瑕疵。

当产品面世后,苹果团队所面临的下一个问题是如何提高自己的服务。于是,打造一个完美的服务团队就成了库克工作的重中之重。

相信很多用户都曾体会过运营商糟糕的服务,都曾被各类计费、宣传陷阱、永远看不懂的话单,忽然增加或减少的数据服务,病毒木马等各种问题困扰过。而苹果公司在美国推出的服务中,就完全不存在这样的问题,其套餐都是根据客户使用情况设定好的。剩下的就是点几下鼠标购买资源了。终端、资费、音乐、广播、电视、电影、游戏、应用、照片管理,苹果团队都提供了一站式服务。

在多产品环境下,如果客户有幸使用了同一个运营商提供的移动、固话、宽带的话,而恰恰在某个时刻遗忘了去缴某项不知名的费用,那么等待客户的将是全方位的通讯屏蔽灾难,所有的服务会立刻都被停止。而苹果公司的服务则恰恰相反,客户购买的资源可以在任何苹果设备上重复使用;同时苹果设备的使用习惯又如此相似。在中国90%购买了iPod的客户都愿意购买iPhone。就这样,优秀的客户体验在苹果系列产品间被不断地复制和放大,苹果公司的产品销量和市值也同比地不断增长着。

在制定企业战略时,库克曾对客户需求进行过归纳,他认为信任、便利、承诺、尊重、掌控、选择、知识、认知、有益、身份等十个方面是客户最看重的东西。鉴于此,库克要求苹果的团队必须要围绕这些主题进行设计。

绝大多数公司的核心能力往往体现在产品(包括服务产品)的研发上,而苹果公司的研发团队是一支客户体验的设计研发团队。但和其他产品研发团队不一样的是,这个团队并不热衷去做大量的客户问卷调研,而这种调研在其他企业是必不可少的。因为设计的客户体验许多并不是随机抽样的客户自己能够想象出来的。

最让库克感到自豪的是,苹果的设计团队对于客户有一种敏锐的洞察力。他们往往能够从一些细节上发现创新点。苹果的设计人员问自己最多的不是"我们应当设计什么样的功能?",而是"我们需要服务客户的哪些目标?"。

在库克看来,这样的客户体验设计团队需要精英文化作为基础。作为一个企业特别是 IT 类企业的核心资产,苹果公司一直对精英人才情有独钟。前掌门乔布斯在世时,甚至要求苹果公司只能雇用精英。而在库克接任以后,这一传统也被继承了下来。

在苹果公司,这些精英被称为是 A 团队,苹果领导者的核心工作之一是不断地打造 A 团队并淘汰 B/C 类团队。库克说:"在传统服务或制造领域,例如厨师和出租车司机,精英和普通人的产出差异并不大;但在苹果公司涉及的前沿和创造性领域,精英和普通员工的产出差异是 10 倍,甚至几十倍。"

库克认为只有那些在某一领域的最优秀的人才才能被称为是真正的精英。众所周知,苹果公司拥有全球最强大的技术力量。为了让精英们能够将科技和创新完美地融合在一起,从而推进苹果产品的升级,苹果公司规定管理层要定期和员工一起参加各种活动。比如一起研究奔驰车的线条构成，索尼公司的产品质量；一起参观博物馆和展览馆；一起学习建筑设计理念等等。

为了帮助精英团队扫除一切障碍，苹果公司允许公司的设计师、工程师、管理者可以一起办公，可以共同参加各种会议，讨论问题。

对于全世界所有真正的精英来说，能够去苹果公司工作是他们最大的渴望。因为在那里，只要你是精英，你就会受到尊重，就会得到适合自己的发展平台。

第三节　打造完美的用户体验，制胜全球

在如今的世界 IT 业，苹果公司的竞争力无疑是最强的。它在全世界拥有着数以千万计的"果粉"；它一再让竞争对手刮目相看；它所创造出来的辉煌成就更是让所有都大跌眼镜。

如果我们回看一下苹果公司刚刚起步时所面临的情况，我们会很难想象如今这个 IT 业的巨擘，曾经有过一段那么不堪回首的岁月。那时的苹果是一个很不起眼的"小苹果"，没有人会去关心它的将来。倘若在那时就被淘汰掉的话，也注定不会引起任何人的关注。

有句歌词唱得好："不经历风雨，怎么见彩虹。"这句歌词套在苹果公司上再合适不过了。在经历了众多风风雨雨之后，苹果公司在濒临绝境的1997 年又迎来了乔布斯。对于当时已经陷入绝境的苹果公司来说，乔布斯的回归是一个天大的幸运。

1997 年,苹果公司的股价还徘徊在 5 美元左右,在乔布斯回归之后的 13 年间,苹果公司的股价涨了近 70 倍。这样的奇迹不是每一个公司都能创造的,人们在惊讶之余,也在问是什么造就了苹果公司今天的辉煌?

据苹果公司 2010 年财报显示,在这一年,苹果公司的营业收入达到了 652 亿美元,净利润达 140 亿美元,分别比 2009 财务年度增长了 152%和 170%。苹果公司的股价也再创新高,而 2011 年 4 月底,其股价为每股 350 美元,市值达 3238 亿美元,为全球市值最高的 IT 企业。

这样的成功从何而来?答案很简单:产品。正如一个出色的剑手要有一把好剑才能独步天下,苹果公司之所以能够在世界 IT 业里立足,并且拔得头筹,其中一个重要原因就是它创造的那些出色的产品。

如果去问问"果粉"们对苹果产品的看法如何?他们基本都会提到两个字:"完美"。对于任何一个公司来说,能够得到顾客如此高的评价都是一件值得骄傲的事。

了解苹果公司的人都知道,它是一个崇尚完美主义的公司,而了解乔布斯的人也都知道,他是一个极度追求完美的人。乔布斯在掌管苹果公司时,说得最多的一句话就是:"追求完美。"在经营苹果公司十几年的过程中,乔布斯已经把"完美"两个字深深地印在了苹果公司每一个员工的脑袋里。

作为乔布斯的继承者,库克便继承了这一点。

和乔布斯一样,库克对于产品的要求十分苛刻。他曾不止一次对别人说:"我们要沿着乔布斯所指定的产品战略继续走下去。只有打造完美的用户体验,才能保持自己的竞争力。"

库克认为苹果的产品是个人工具,帮助个人解决问题。鉴于此,库克要求苹果的工作人员必须要在开发产品过程中，做到精益求精，追求完美。作为一个电子消费品生产企业，苹果公司要想赢得客户，就必须要尽量满足消费者的体验需求，不断推出能更好地满足消费者体验的产品。

在库克的极力倡导下，"用户体验至上"已经成为了每一个苹果人所坚守的工作准则。所谓"用户体验至上"就意味着既要充分考虑顾客的需求，又要考虑顾客的承受能力。

细数苹果公司早年推出的产品，我们就可以真切地体会到这一点。1983 年，苹果公司推出了一款丽萨电脑，这是世界上首款采用图形用户界面和鼠标的个人电脑。论技术，这款电脑要领先于当时的 IBM 兼容机，用户不必用键盘敲入命令，还可以同时运行几个程序。然而，它也存在着一个致命的问题，它与 IBM 兼容机不兼容，甚至也不兼容苹果 II，且售价高达 1 万美元，所以这款产品在推出之后，并没有收到预期的效果。于是，苹果公司很快就放弃了这款产品。

虽然这次尝试失败了，但却让苹果公司从中吸取了宝贵的经验。在接下来十几年的发展中，苹果公司所推出的产品从 iPod 到 iPodTouch，从 iPhone 到 iPhone4，从 iPad 到 iPad2，每一次产品升级，都大大提升了用户体验。

为了给用户提供一种完美的体验，苹果公司总是创新不断。在上一代 iPodTouch、iPhone、iPad 还在热销之际，苹果公司就已经开始研发并连续推出新一代产品了。

对此，库克的解释是："作为一个高科技公司，苹果公司只有坚持不断创新，才能做到尽量完美。"

1997 年，乔布斯专门提出了"ThinkDifferent"（另类思考）的广告语，他的目的很简单，就是要激发员工们的创新能力。他始终强调："顾客要买的其实不是产品本身，而是要用产品来完成任务或解决问题。所以我们在设计产品时，不应该只把它看成是一个设备，而应把它设计成顾客一看就喜欢的艺术品。"

乔布斯的这一理念也被库克继承了下来。他认为，苹果公司设计的电脑应该既能帮助顾客完成工作，又能让顾客喜欢使用电脑。而对潜在的电脑使用者而言，苹果电脑的设计就是要让他们喜欢上电脑，用户应该能够看到苹果电脑给他们带来的好处，也乐意享用这些好处。只有显著地简化电脑的操作，才能使顾客相信电脑是有用的。

也就是因为这样，所以苹果公司一直把"简单易用"作为设计产品的准则。库克曾对设计者说："要想让产品简单易用，就必须要专注于顾客的想法和需求，以及顾客如何与产品互动。当设计人员确信其抓住了客户的想法和需求时，再设法从工程技术上实现。重要的是，在设计阶段需要创造和创新，在工程技术上同样需要创造和创新。在这种理念的指导下，用户往往只需要按一个键，就可以完成其想要实现的功能。"

苹果公司设计的每一款产品，例如 iPod、iPhone、iPad，其操作都十分简单，甚至很多产品都不用附带产品说明书。

我们不妨以 iPad 的包装为例，来看看看苹果公司是怎么做到把"用户体验"放到第一位的。

iPad 在刚刚推出时，曾风靡一时，吸引了很多消费者趋之若鹜。其实 iPad 之所以会如此吸引用户，这跟它那独特的包装有很大关系。苹果公司的设计者在为 iPad 设计包装时，花了很多功夫，他们时刻在思考着该如何包装它们的产品以及客户第一次打开盒子之后的第一印象是什么。

事实上，很少有公司在设计产品时，尤其是很小的产品时，会去考虑这种问题。通常，对于一些小的产品，大多数公司都会采用塑料起泡包装。这种包装虽然坚固，但却很不好打开。

而大一点的产品通常会采用塑料袋包装，边缘再放些泡沫塑料块用来保护产品，然后再装进纸板盒里。这些包装全都是人们最常见的，由于已经习惯了，也就没人会去考虑在包装上下点功夫。

然而，这样的情况却不会出现在苹果公司。他们绝不会和其他公司一样，只用那种丑陋的纸板盒，在上面印上公司的标志，然后再随便把标签一贴就完事了。

那么他们到底是如何设计的呢？他们常常会考虑盒子放在货架上的会是什么样子，考虑如何在盒子上向购买者展示内容物，以及打开盒子会有什么样的感受。

iPad 的盒子是那种普通的白色纸板盒。不过这可不是普通的纸板，它摸上去十分光滑，色泽纯金而均匀。盒子上面贴着一张精致的 iPad 图片作装饰，两侧印有 iPad 商标，末端有苹果标志和 iCloud 图标的浮雕图案。

盒子拿在手里，会让人感觉很有质感，很结实。不过由于它没有任何累赘，所以绝不会很重。盒子的大小也是完全按照所装的产品而订做的，空间刚好合适，不大也不小。

每个包装盒的盖子设计也很合理，用户很容易就可以取下来，却不用担心盖子会轻易掉下来。盒盖的内侧放了一层绒，以此保护 iPad 屏幕。盒盖的手感摸上去十分有趣，让人有种特新鲜的感觉。

用户在打开盖子后，就会看到一个黑色方形的玩意儿，四周环绕着白色的盒子侧边，这就是 iPad，它舒适地躺在包装盒里，顶部基本上与盒子侧边齐平，平板顶部和相邻的盒子侧边之间只有几毫米的距离。iPad 外面包有一层塑料保护膜，不过这可不是一般的塑料包装，它是类似聚脂的一种保护膜。它的厚度适中，既可以很好地保护产品，也不会给人一种膨胀感。此外，在 Home 键上方还伸出了一小块塑料耳片，它是用以保证用户能够轻松地从盒子里取出设备。

通常，用户在打开别的包装盒时，都要费很大力气才能把那层塑料保护膜弄开，但苹果的用户却不用如此费力。用户根本不需要用力撕扯，也无需用什么尖锐的东西帮忙，只需把外套轻轻剥掉就可以了。对此，苹果公司包装盒的设计者说："我们在设计塑料膜时，不仅要考虑怎么使用，还会考虑如何让用户轻松将其取下。"

在 iPad 下方有一个白色的塑料盘，盘里装有电源和用户手册包，在这一层的包装上也设有一小张纸板耳片，它是为了方便用户能够轻松地从盒子里取出东西。用户移开托盘后，就会看到 USB 基座接口电缆就安放在底下塑料的小凹陷处。

塑料盘装在盒子底部，以防止塑料盘松开。电源的塑料包装和平板电脑的完全一样，仍然有带一张小耳片以便用户能够轻松地从包装上取出电源。甚至就连 USB 线，苹果的设计者也选用了这种塑料包装，而不是那些比较传统的材料。

可以说，苹果公司的每一个产品包装都是经过精心设计的。而这种精心设计的宗旨只有一个，那就是要让用户产生高品质的体验。

对于这样的理念，乔布斯在世时，是这样坚持的，而如今，作为乔布斯的继任者，库克也同样在坚持着。

良好的用户体验还体现在产品的简化上。一直以来，苹果公司都把简化看成是产品设计的重中之重。细数苹果推出的任何一款产品,无论是i-Pod、iPhone,还是iPad,我们都能从中体验到"简单即是美"设计理念。

和当年的乔布斯一样,库克也是一个不折不扣的完美主义者。因此,在产品系统设计、外观设计及工业设计中,库克始终在极力捍卫他的完美主义理念。

和乔布斯一样,库克认为对于任何一款面对大众的产品来说,要想让其受到追捧,就必须要尽量设计得简洁。太过复杂的东西总是给人一种拖沓、啰嗦的感觉。

这样的认识是库克从乔布斯身上一点点体会到的。多年来,他对于乔布斯在这点上的坚持佩服得五体投地。他深知苹果公司的产品之所以有今天,就是因为其始终秉持着乔布斯的设计理念。

熟悉苹果的人都知道一个人的名字——乔纳森·艾维。他是谁?他就是苹果现任首席设计师。说到苹果公司的"完美主义",就不得不提到这个人。从某种程度上说,这个人在苹果公司的工作历程时时刻刻都体现着苹果追求"完美主义"的特质。

时间回到1997年的9月,此时的艾维在苹果公司待得并不如意,于是心生去意。如果不是乔布斯及时和他谈了话,或许这个小伙子就永远和苹果失之交臂了。作为苹果公司设计团队的主管,艾维在公司的发展上和公司高层存在着巨大的分歧,他十分不满公司一心只想着利润最大化,他更希望公司能够分出一些精力,去创造一些伟大的产品。

就在他正计划辞职时,乔布斯来了。乔布斯对他说:"我们的目标不仅仅是赚钱,我们要努力创造出伟大的产品。"就是这句话深深地打动了本打算离开的艾维,两人一拍即合,从此开始了共同创造伟大产品之旅。

对于产品的设计理念,这对搭档从最开始就达成了共识,即简洁。虽然只是简简单单的两个字,但真要实施起来,却比登天还难。不过这对搭档愿意为此努力。

　　一次,艾维对乔布斯表达了他对简洁的看法:为什么我们认为简单就是好?因为对于一个有形的产品来说,我们喜欢那种控制它们的感觉。如果在复杂中有规律可循,你也可以让产品听从于你。简洁并不仅仅是视觉上的,也不仅仅是把杂乱无章的东西变少或抹掉,而是要挖掘复杂性的深度。要想获得简洁,你就必须要挖得足够深。打个比方,如果你是为了在产品上不装螺丝钉,那你最后可能会造出一个极其繁琐复杂的东西。更好的方式,是更深刻地理解简洁二字,理解它的每一个部分,以及它是如何制造的。你必须深刻地把握产品的精髓,从而判断出哪些部件是可以拿掉的。"

　　听了这番话,乔布斯不知有多高兴。设计不仅是关于产品的外观,而且必须要反映出产品的精髓。要想制造出伟大的产品,就必须要做到尽善尽美,精益求精。

　　为了更好的支持艾维的工作,乔布斯特地为他安排了一处设计工作室,这个工作室的外面专门有两名门卫把守,未经允许任何人都不得入内。大门入口的左边是一组年轻设计师的工位;右边是一间类似洞穴的大房间,里面有 6 张长条钢桌,用来展示和实验设计中的产品。大房间的旁边是一间计算机辅助设计工作室,里面全都是工作站。再往里走的一个房间有几台铸型机,可以把电脑屏幕上的设计制成发泡材料模型,另外还有一台机器人控制的喷漆机器,可以让模型看起来更逼真。不得不说,这也是乔布斯追求完美的表现。为了能够让艾维设计出最好的产品,他要为艾维提供最好的设施。

崇尚完美的乔布斯几乎每天都会跑到艾维的工作室看上两眼。他一进门，就会查看几张桌子上那些正在设计的产品，看看它们是否符合苹果公司的发展战略，并亲手检查每一个产品的演进设计。

他还会搬个凳子坐在其中一款正在设计的产品前，仔细把玩它的各种模型，用手去感受它们，然后依照自己的感受，对其做出评价。乔布斯在艾维面前通常会扮演两种截然相反的角色，当他们在闲聊时，乔布斯常常会显得柔和、和蔼得多，但一旦谈及工作问题，乔布斯就会一脸严肃，有时还会大发雷霆。他的要求有时甚至过于苛刻。

每当回忆起乔布斯，艾维就会说，"如果不是史蒂夫在这里催促着我们，和我们一起工作，并且排除万难把我们的想法变成产品，我和我的团队想出来的点子肯定早就灰飞烟灭了。"

乔布斯就是如此，他追求每个步骤，每个细节的精准，他崇尚尽善尽美，无法忍受半点瑕疵。对于产品设计的每一个细节，他都给予高度关注。

很多时候，时任公司首席运营官的库克也常常被乔布斯叫到身边，一起参与讨论。对于乔布斯追求完美的印象，直到今天库克都记忆犹新。

可以说，乔布斯对于库克在产品设计理念上的影响是巨大的。他让库克明白，产品设计只有时刻专注于顾客的想法和需求，专注于简单易用，才能牢牢抓住客户的心，才能让苹果的产品制胜全球。

第六章
有计划、有准备
——精心应对任何挑战

在激烈的市场竞争中,任何公司都会面临挑战。对于树大招风的苹果公司来说更是如此。作为苹果的新任 CEO,要想继续让苹果公司保持领先地位,就必须要积极应对任何挑战。但在库克看来,任何一种反击都必须是有计划、有准备的,否则不仅不会胜出,还有很可能会满盘皆输。

第一节　全力发展 iAd,角力谷歌

和乔布斯一样,库克是一个不怕接受挑战的人,他崇尚竞争,热爱竞争,在竞争激烈的市场上,只要让他嗅到一丝竞争的气息,他就会立即行动,争取为苹果公司赢得市场空间。他信奉"弱肉强食"之道,认为苹果公司要想在当今市场上占据领先地位,就必须开足马力和所有竞争者一决高下,所以他一再告诫公司的人,千万不要丧失斗志,要时刻保持竞争的活力,去应对任何挑战。

　　虽然苹果公司在近几年来的发展速度和规模令人惊讶，甚至让竞争者们有些难以承受，但事实上，这并不代表苹果就能永远强大下去。目前，苹果公司所面临的一个最大的竞争对手就是成立于1998年的谷歌公司。该公司自成立以来，其发展速度丝毫不逊于苹果。如此实力雄厚的两个公司便不可避免地成为了擂台上的角力者。

　　一直以来，在广告领域里，谷歌公司始终占据着巨大份额，其盈利能力使得它在广告业务上始终保持着良好的发展势头。这使得很多竞争者感到难以招架。2008年03月，谷歌北美广告销售部副总裁提姆·阿姆斯特朗表示，谷歌在2008年至2009年的视频广告市场中将拥有"非常重要的地位"。谷歌的广告平台将随着时间改进，其自动广告系统将同时处理搜索广告和视频广告。

　　为了进一步扩大"战果"，谷歌公司在该领域一直保持着竞争活力，动作频繁。

　　2008年，谷歌收购了DoubleClickInc.。这笔交易使得谷歌在搜索广告之外的领域又迈出一大步，进入图片视频广告如横幅广告等。与此同时，谷歌还专门成立了工程和销售团队，致力于研究如何从社交网站的广告中盈利。

　　在谷歌的精心经营下，公司的广告业务呈现出了强大的盈利能力。据统计，2010年谷歌最大的1000个广告主在谷歌展示广告网络上的投入增长超过75%，2011年，谷歌广告业务的年收入达到了25亿美元。

　　而在2012年，谷歌在显示广告业务上仍保持着强劲的发展势头。

　　据美国市场研究公司eMarketer预计，谷歌2012的显示广告收入将超过Facebook。谷歌在美国显示广告市场的份额将达到15.4%，而Facebook 和雅虎的市场份额将分别为 14.4% 和 9.3%。eMarketer 还预计，2012 年美国显示广告市场将增长 21.5%，达到 149.8 亿美元的规模。如此强劲的竞争力，着实让 Facebook 和雅虎这两个巨头有些吃不消。

而对于苹果公司来说，谷歌在广告业务上的狂飙式发展，也让苹果公司感到不大舒服。一直以来，苹果公司在广告业务领域所付出的努力并不算小，但当库克看到谷歌公司发展的如此迅速时，他那颗渴望竞争的心又开始蠢蠢欲动了。

库克认为苹果公司在广告领域大施拳脚的机会已经到来，苹果公司必须要抓住这一机遇，否则将来就会被谷歌甩得很远。

当然，库克虽然热衷竞争，但他并不是一个莽撞之人，他知道他要做什么，他也知道他所做的每一个决定会给公司带来何种影响。在经过了精心的计划和准备之后，他最终决定进军手机广告市场，全力发展 iAd，和谷歌一决高下。

库克所做的第一个准备就是让他的团队设计了一个打破传统广告的工具——iAd。它是个什么呢？iAd 是一个广告制作工具，它可以帮助用户制作广告内容，当用户点击一个广告后，它会在程序内打开 HTML5 格式的广告，当关闭广告时，用户还能回到程序，而不像以前那样停在广告网站。当把 iAd 成功地设计出来以后，库克随即就让旗下的手机广告公司 Quattro Wireless 放弃了那些新的传统手机广告的订单，而把全部资源投入到互动式 iAds 广告。

对于传统的手机广告，库克早就心生厌烦了。传统手机广告让用户离开手机应用，从浏览器中查看外部网络链接。对于手机应用开发商来说，这种方式比较糟糕，也惹恼了用户，并最终导致广告主的信息没有达到预期效果。

而这个 iAd 广告模式是一个完全集成的环境，它可以手机应用内部显示互动式广告，手机用户也可以随时返回到广告之前的应用界面。

和传统手机广告比起来，iAd 广告拥有着压倒性的优势。它可以为用户提供高质量视频和丰富的媒体体验。它大大增加了用户浏览广告和与广告互动上的时间，和传统在线广告相比，iAds 广告与电视广告具有更多的可比性。在 iAd 成功发布后，库克随即便关闭了 Quattro 的标准条幅广告。

库克曾对人说："广告主可以访问新站点 advertising.apple.com 来了解更多 iAd 信息。开发人员也可以通过访问 developer.apple.com/iad/ 站点来了解如何使用 iAd 获得收入，宣传自己的手机应用。我们热切期望借这一新型广告平台的机会与客户深入合作。"与此同时，库克在 2010 年 7 月，宣布苹果将会在运行着最新操作系统 iOS4 的 iPhone 和 iPodtouch 发布 iAd 手机广告平台。

有了这一杀手锏，苹果公司在和谷歌的广告竞争中，显得底气十足。2010 年，凭借这一广告平台，苹果公司蚕食了将近 50% 的手机广告市场。

它很快就成了很多商家的新宠。2010 年下半年，和苹果在 iAd 上打广告而签约的商家纷纷而来，其总价值超过了 6000 万美元。这些公司包括 AT&T、百思买、美国金宝汤公司、香奈儿、美国花旗、DirecTV、盖可汽车险公司、美国通用电气公司、美国彭尼百货公司、美国利宝相互保险公司、尼桑、美国西尔斯公司、州立农业保险公司、美国塔吉特、特纳广播系统有限公司、联合利华和迪斯尼等。

第二节　布局网络电视，争霸数字客厅市场

和乔布斯一样，库克不是一个安于现状的领导者，他热衷竞争，崇尚挑战，渴望和乔布斯联手把苹果公司打造得更强，更卓越。

而面对激烈的市场竞争，库克和乔布斯一直在审视和思考。当苹果公司相继推出了一系列完美的产品，并且取得成功之后，他们并没有就此止步，因为在他们看来，市场是广阔的，未来还会有更多的机会再朝着苹果招手。而苹果需要做的就是做好一切准备，迎接未来的挑战。

早在 2006 年 9 月份的时候，苹果公司曾推出了一款数字多媒体接收机，取名为：appleTV。它可以通过与 iPod 设备连接，或者根据用户需求接入各种数字媒介来搭建起一个影院系统。

用户可以把 AppleTV 与高清电视机相接，然后查看数码照片、播放音乐和欣赏视频，这些多媒体内容既可以是本地现有的，也可以通过接入互联网从 iTunes Store、YouTube、Flickr 或者 MobileMe 等服务平台上获取。

如果用户登录 iTunes Store 服务平台，还可以通过购买、租赁方式收听最新的音乐，和收看最新的电影或电视剧集，包括高清内容。同时，用户还可以利用 AppleTV 浏览到 YouTube 网站上的视频、Flickr 或者 MobileMe 网站上的图片。

在多媒体格式方面，AppleTV 可以播放 MPEG-4AVC/H.264 (最大比

特率 1.5Mbps，支持 BaselineProfile、SimpleProfile 两种规格）视频和
AAC(16–320Kbps)、MP3 (16–320Kbps/VBR)、AppleLossless、AIFF、WAV 等
音频以及 JPEG、BMP、GIF、TIFF、PNG 等图片格式;而 WMV、DivX、MPEG–
2 等影像由于不能被 iTunes 识别,所以不能播放。

在接口方面,AppleTV 提供了 HDMI、色差分量、USB、以太网、光纤音
频输出等多种接口,无论连接 PC、电视乃至 USB 便携式播放设备都能从
容应对。该产品可以提供最高分辨率为 720p 的视频输出。

第一代苹果电视自 2007 年 3 月 21 日起开始发售，最初版本的产品
只有 40GB 内置硬盘,同年 5 月 31 日第二版产品增加为 160GB 硬盘给用
户选择。2007 年 5 月 31 日,AppleTV 的 160GB 版本正式上市。

虽然苹果对这款产品抱有极高的期望，但其市场表现却并不尽如人
意。对此,乔布斯也难掩自己的失望之情。虽然 appleTV 遭遇了尴尬,但网
络电视市场却并未因苹果的折戟而稍显落寞,事实上,盯住网络市场不放
的公司不止苹果一家,当今世界上的几大 IT 巨头如亚马逊、谷歌、三星以
及微软都把网络市场当成了自己试图大显身手的舞台。也就是说,当苹果
公司开始涉足这个领域时,它就已经拥有了众多实力强大的竞争对手。

对于如今正如日中天的谷歌来说,自从在诞生那天起,它就不可避免
地和苹果公司成了对手。一直以来,由于苹果公司强劲的实力,使得谷歌
在和苹果的竞争中,始终处于下风,特别是在手机领域里,谷歌始终不能
和苹果形成鼎足之势。这让谷歌的管理者感到十分恼火。为了能和苹果抗
衡,谷歌公司决定另辟战场,渴望在电视领域和苹果公司一决高下。于是,
在 2010 年的秋天,谷歌公司发布了 GoogleTV,其目标十分明确,它是想
以此来向苹果发起挑战。

而在 2011 年 8 月份召开的爱丁堡国际电视节上,谷歌董事会主席施密特在演讲中更是明确地了谷歌公司试图要在电视领域分一杯羹的野心。

　　他说:"忽略了互联网是十分危险的,互联网是未来电视的一个基础,原因很简单:因为人们需要。"有人把这句话看成是谷歌向传统电视挑战的宣言。

　　对于电视的未来,施密特看得十分清楚。传统电视存在着时间和频道的限制,而互联网则有无限的选择。而且,越来越多的观众选择用互联网进行点播来替代过去用录像机来预先录制节目的方式,这让用户在选择节目方面有着更多的自由。

　　许多年来,电视台通过编辑选择等方式来控制用户观看的节目,这是一种类似营销中"推"的方式,但是在互联网时代,我们有大量的内容选择,需要用"拉"的方式通过结合算法和编辑控制量身定制适合您的节目,这正是谷歌的强项。你观看和分享越多,系统会有更多机会了解你,并将更好的节目推荐给你。对你来说,这就是完美的电视频道。

　　未来的电视会越来越个性化,同时也越来越社会化。这看起来有点矛盾,但借助互联网,你可以和他人分享你在观看的节目,或者帮助你找到在同一时间和你观看同一节目的人,这是一个社交网络。

　　这种互动并不发生在用户观看电视时,而是通过电视之外的"第二屏幕"产生互动。你可以利用笔记本电脑和智能手机,利用博客和论坛,甚至与朋友实时聊天。而这种互动也将帮助电视台提高收视率。

　　施密特认为:"电视不仅可以利用互联网帮助观众发现新的内容和进行互动,而且还存在新的盈利机会。这包括向观众直接提供电视节目下载服务,或者建立更好的广告销售网络。"

对于谷歌来说,这是一个不容错过的机会。为了能在电视市场占据有利位置,谷歌可谓是动作频频。2011 年 8 月 9 日,施密特在苏格兰爱丁堡的一个会上称 googletv 会在 2012 年抵达欧洲,试图开辟"欧洲战场"。就在同年的 8 月 16 日,谷歌又有大举动,它收购了著名的摩托罗拉公司,这使得谷歌的 GoogleTV 如虎添翼。而在此后不久,谷歌 GoogleTV 的负责人又对外宣布,GoogleTV 将支持 Android 应用。

就在谷歌大张旗鼓地发动攻势之时,日本的老牌企业索尼公司也坐不住了。

很快,索尼公司就宣布将从 2010 年秋季起在英、德、法、意大利以及西班牙等 5 个国家推出"Qriocity"线上影音服务,包含索尼的 Bravia 电视、PS3 游戏机、Vaio 电脑以及该牌蓝光 DVD 播放机等各式可上网连线的装置,均可使用这项服务。

Qriocity 是索尼既有的线上影音服务 Play Station Network 的升级扩大版。PSNetwork 原有 5400 名订阅户,而 Qriocity 更将挑战拥有 1.6 亿名注册用户的苹果 iTunes。

紧随其后的亚马逊公司。该公司也宣布将推出网络电视服务,采取类似 Netflix 模式。

而仅仅过了一年之后,美国最大的有线电视公司 Comcast 也宣布,将联手 Facebook、Intel 以及其他一些科技公司共同打造下一代电视 MyTV,其核心是将电视互联网化并引入 Apps,从而使电视更加互动、个性化、社会化。

这些公司之所以纷纷进入网络电视领域,是因为它们已经开始意识到家庭电视网络化将是未来主要趋势之一。如此一个充满诱惑力的大蛋糕,这些巨头们怎么能心甘情愿地让给苹果呢?

面对着如此严峻的挑战,库克认为苹果必须要有所行动,否则 appleTV 将难以在如此激烈的竞争中发展壮大。

于是,在 2010 年的 9 月份,苹果正式发布了新的 Appletv2,这款产品采用了全新设计和搭载新的 A4 处理器,支持 720p 视频播放。2012 年 3 月,苹果又发布了新款 AppleTV3,外形不变,搭载全新 A5 处理器,支持 1080p 视频播放。苹果以此发动了进军网络电视市场以来最凌厉的攻势。

同时,苹果也开始以低价策略吸引消费者。新款 AppleTV 价格下降到 99 美元,而线上电视节目每片仅 0.99 美元。

库克是一个不惧怕任何挑战的人,他时刻都在为迎接新的挑战而精心准备着。同时,库克也不是一个一味只想着竞争的人,他会为苹果公司的每一次搏斗做好一切准备。

第三节　当 iPhone 遇到挑战

所有人都知道,在当今国际高科技行业里,苹果公司是最伟大,最优秀的企业之一。然而,虽然它拥有着巨大的竞争优势,但要想在这个行业里独步天下,还是有些困难。毕竟在这个圈子里,还有很多优秀的公司存在。

苹果公司的产品虽然优势巨大,但并不是说它就不存在竞争者。就拿 iPhone 手机来说,可以说,这款产品自诞生之日起,就一直处于一种被竞争对手围追堵截的状态之中。虽然这款产品颇具优势,但它的优势却也并不是那么明显。

算起来,自第一款 iPhone 在 2007 年面世以来,到如今已经过去了整整五年的时间,在这五年时间里,iPhone 走得并非一帆风顺。处于风口浪尖的 iPhone 时刻都是竞争对手关注的对象,当然对手的关注是跟用户的关注是不一样的,对手在关注这款产品时,往往考虑的是如何超越它。

那么,iPhone 走到今天,到底都遇到了那些竞争对手呢?当 iPhone 步入 2012 年时,它还将面临怎样的挑战呢?而作为苹果的掌门人,库克又是怎样应对这种挑战的呢?

熟悉苹果的人都知道,安卓手机一直是 iPhone 最大的,也是最强劲的竞争对手。

安卓手机是由谷歌公司在 2007 年 11 月 5 日推出的安装有 Android 操作系统的手机。安卓系统是现在流行的主流的手机系统之一,它具有很多其他手机平台所没有的特性,比如它的开放性。

由于平台是开放的,所有平台允许任何移动终端厂商加入到 Android 联盟中来。这种开放性使得它不仅吸引了很多开发者,还在消费者和厂商那里提升了人气。对于消费者来讲,最大的受益正是丰富的软件资源。开放的平台也会带来更大竞争,如此一来,消费者将可以用更低的价位购得心仪的手机。

由于这种开放性,众多的厂商会推出千奇百怪,功能特色各具的多种产品。功能上的差异和特色,却不会影响到数据同步,甚至软件的兼容。好比你从诺基亚 Symbian 风格手机一下改用苹果 iPhone,同时还可将 Symbian 中优秀的软件带到 iPhone 上使用、联系人等资料更是可以方便地转移。

此外，Android 平台还提供给了第三方开发商一个十分宽泛、自由的环境。它使得第三方开发商可以不受任何条条框框的阻扰，从而设计出更具特色的软件。正是基于它的这些优点，使得安卓手机一面世就受到了广大消费者的欢迎。

如此一来，安卓手机和 iPhone 之间注定就会产生激烈的竞争。双方的竞争在 2010 年达到了顶峰。

据统计，2010 年，中国的 Android 手机量为 882384 部，而 iPhone 手机量为 725358 部。不但如此，Android 手机的销量增长速度之快足以令苹果感到不安。Gartner 的报告显示，在 2010 年的第一季度，iPhone 手机在全球智能手机市场上所占份额为 15.4%，比去年同期增长 4.9 个百分点；Android 手机所占份额为 9.6%，比去年同期增长 8 个百分点。

此外，Android 手机依靠着诸多设备商和运营商的支撑，在渠道上的拓展速度也相当惊人。一国内手机厂商人士透露，以摩托罗拉为代表，其于 2010 年 6 月在国内推出了 3 款采用 Android 平台的运营商定制手机。索尼爱立信、多普达、华为等厂家也推出了多款 Android 平台手机。和安卓手机比起来，iPhone 在中国的销售形势颇为紧张。因为当时 iPhone 在中国的官方销售渠道仅有联通一家。

这一切数据都显示出 Android 手机正以"农村包围城市"的策略对 iPhone 进行战略包围，挤压 iPhone 的市场份额。不仅如此，安卓手机还十分善于取长补短，新推出的 Android2.0 在技术上丝毫不逊于 iPhone。面对 Android 手机如此强劲的发展势头，苹果公司有些坐不住了。

此时，库克开始意识到，Android 尽管只是暂时在销售数量上取得了巨大成功,但对于在操作系统上已经压了苹果一头的谷歌而言,一旦在应用软件上赶超或者接近了苹果的水平,或许就有可能成为苹果 iPhone 的掘墓人。然而苹果在中国市场的威胁远不止来自谷歌。

2010 年,联想推出了其首款智能手机乐 Phone,将目标瞄准那些被 iPhone 所吸引的消费者。联想高层曾表示联想准备与 iPhone 背水一战。

当时很多人都以为联想只是随便说说而已,事实上,联想真的行动了。据手机广告公司 AdMob 发布的统计显示,自去年 10 月份登陆中国,iPhone 总计销售了 72 万部,平均月销量达 10 万部。相关数据显示,联想乐 Phone 首月销量有望达到 8 万至 10 万台。

面对竞争对手咄咄逼人的气势,乔布斯和库克认为苹果公司必须有所行动才行。2010 年 6 月 8 日凌晨 1 点,苹果公司正式发布 iPhone416GB 白色版手机。苹果公司试图想借这款手机从如狼似虎的竞争对手中突围。这款手机外观时尚感十足,配置完备,支持 3G 上网功能。而仅仅过了一年以后,苹果公司又发布了 iPhone4S。

为此,库克带领他的团队,专门为 iPhone4 制定了清晰且详细的营销策略。而其中一个最为有效的策略就是饥饿营销。这是苹果公司最常用的一种营销方式。

早在 iPhone4S 还没有在中国正式发售前,苹果就已经开始了囤客户的准备工作。为了吸引更多的顾客前来购买,苹果公司在 iPhone4 销售最火爆的时候,苹果官网突然发布公告,称各个型号的 iPhone4 都显示"暂无供应", 无法在线购买, 而苹果的销售热线也无法向客户提供 iPhone4 的预定服务。与此同时,几家苹果专卖店也宣布断货。

这一招可谓是吊足了顾客的胃口。由于货源紧张,使得此前降价了的

iPhone4,价格再次大幅反弹。库克的目的很明确,他就是想通过断货牢牢地抓紧顾客。

在库克精心策划的营销策略的作用下,iPhone4 的销量一涨再涨,屡创新高,一时风光无限。这使得其他竞争对手显得有些窘迫。

在这种情况下,越战越勇的苹果准备继续发力,试图用一款新的产品再次证明自己的实力。然而天意弄人,就在苹果公司为下一轮竞争磨刀霍霍之际,噩耗再次传来,乔布斯病情急转直下,于 2011 年的 10 月 5 日病逝。

对于苹果公司来说,乔布斯的离开无疑是一个致命的打击,他的离去使得公司所有人顿时失去了重心。就在这个关键时刻,曾两次代替乔布斯掌管苹果的库克再一次扛起了重任。当他继任 CEO 的消息传出时,所有人都睁大了眼镜,质疑声不断。

也许是乔布斯的影响过于强大,使得人们在他离去后,总会担心身为继任者的库克无法扛起掌管苹果的重任。处于风口浪尖的库克,压力山大。

然而,库克绝不是一个惧怕压力的人,当他决定接任乔布斯的帅印时,他就已经做好迎接各种挑战的准备。而很多熟悉库克的人也十分清楚,虽然库克在有些方面和乔布斯比起来稍显逊色,但很多时候,他的领导能力并不输于乔布斯半分。此时,库克需要做的就是拿出点实际行动来证明自己。

而就在此时,老对手三星正在跃跃欲试。一直以来,三星手机在国际市场上始终保持强劲的发展势头,它野心勃勃,时刻准备挑战 iPhone 的霸主地位。

2012 年 5 月,三星公司在伦敦正式发布最新王牌机型 GalaxySIII。时隔不久,三星就携该产品打入了中国市场。明眼人都知道,三星此举就是想赶在苹果新一代 iPhone 上市之前, 试图在第一时间占领中国市场。无疑,此时的三星成了苹果 iPhone4 最大的挑衅者。

作为三星手机的王牌机型,GalaxySIII 能够准确地识别使用者的面部、视觉和动作,这被称为是迄今为止最为善解人意的智能手机。

该手机采用了创新的"智能休眠"功能,它能判断用户在如何使用手机。例如在阅读电子书或者浏览网页时,通过前置摄像头的眼部识别技术自动保持屏幕的亮度,让用户能持续观看。

同时,它还能识别人的动作。当用户在给某人发短信或正在查看通讯录时,突然想要直接给这个人打电话,只需将手机放到耳边,"体感拨号"功能便会自动替你拨通此人的号码。此外,该手机的"智能提醒"功能还能确保用户不会遗漏任何短信或是未接来电。

而除了融入先进的功能外, 此次三星还将 GalaxySIII 实现了在国内三大运营商的全覆盖。在发布会当天,中国移动 TD 版 GalaxySIII 也同时亮相,型号为 GT-i9308。i9308 内置的中国移动应用商店移动 MM,用户只需一键登录便可下载包含游戏、新闻、生活、娱乐等多类别的 Android 应用程序。

同时,i9308 集成的"音乐随身听"、"手机视频"、"手机阅读"和"游戏大厅",将使用户非常方便地使用中国移动的音乐、影视、电子书数据库与用户众多的在线游戏服务。此外,飞信、139 邮箱和手机导航这些熟悉的应用也被融入到该手机中。

而除了中国移动,中国电信北京公司也宣布电信版 GalaxySIII 开售,该型号为 i939。

此外，中国联通定制版型号为 GT-i9300 的 GalaxySIII 也在同一时间上市。其系统界面看起来变化不大，融入了 Android4.0 基因元素，应用程序菜单中加入了特有的桌面组件，长按屏幕便可添加或删除组件图标，另外还可调整其大小。同时，还保留专用多任务键，查看、管理后台任务都需要通过长按 HOME 键来完成。此外，联通定制版三星 i9300 最快可达到 21M 下行网速。

这款手机和苹果的 iPhone4 比起来，可谓是占尽了优势。

据市场调研机构 IDC 称，2012 年一季度，三星已超越苹果成为世界头号智能手机制造商。该季度三星的智能手机出货量达 4220 万部，苹果为 3510 万部。

对于刚接任不久的库克来说，三星此举可谓是给他施加了不小的压力。不过，库克并没有放弃绝地反击的机会。

为了给三星点颜色看看，在经过了一系列精心地准备之后，苹果公司于 2012 年 9 月 13 日凌晨（美国时间 9 月 12 日上午）在旧金山芳草地艺术中心召开发布会，正式发布 iPhone5。

全新的苹果 iPhone5 采用了阳极氧化铝+玻璃材质的全新搭配，机身厚度仅为 7.6 毫米，手感比 iPhone4S 提升明显。iPhone5 屏幕尺寸首次发生了变化，从 3.5 寸扩大为 4 寸，分辨率为 1136×640，达到 326ppi 的水准，新的屏幕可现实 5 行图标。由于 iPhone5 的触摸传感器集成到了屏幕上，因此触控灵敏度相当高，据说这是目前行业中最精准的显示。此外苹果还将 iPhone5 的屏幕移除了一层，以使其更清晰，iPhone5 的屏幕饱和度提升了 44%，据称是目前最先进的显示屏。

CPU 方面，iPhone5 配备了 A6 处理器，CPU 和显卡性能翻番。据介绍，iPhone5 搭载 A6 处理器性能更强，CPU 性能和显卡性能均为 A5 两倍，但是核心面积却缩小了 22%。在实际应用了，配备 A6 处理器的 i-Phone5 应用加载速度更快，例如 Page 加载速度达到之前的 2.1 倍，Keynote 加载速度也有之前的 1.7 倍。A6 处理器对摄像头拍照性能也有提升，A6 具有下一代 ISP、空间降噪、智能过滤、更好的低光照表现和更快图像捕捉能力，拍照速度比 4S 提升 40%。

iPhone5 配备了 800 万像素摄像头，具有 f2.4 光圈，可拍摄分辨率为 3264×2448 的照片，硬件上虽然和前代产品并无区别，但是 iPhone5 还有一个新特性——全景拍摄，此外由于 A6 处理器的使用，iPhone5 拍照和照片处理速度更快。据介绍，iPhone5 具有一个全新的拍照模式——全景模式，在该模式下可以用 iPhone5 拍摄全景照片，全景照片可达 2800 万像素。iPhone5 在拍摄全景照片时实际上是拍摄多张，然后进行无缝拼接并进行转换，凭借 A6 处理器的优异表现，拼接转换速度非常快。

iPhone5 配备 8pin 新接口，体积比原来缩小了 80%。据介绍，iPhone 推出时使用的是和 iPod 相同的接口，旧的 30pin 的接口从 2003 年推出就没有改变过，如今无线网络取代了数据线的很多功能，因此苹果认为是时候对接口进行改变了，于是推出了新的 8pin 的接口。全新的 8pin 接口体积缩小了 80%，更耐用，也更易用。

iPhone5 支持 4GLTE，更快的 4GLTE 宽带是之前新的 iPhone 上最令人期待的功能之一。其价格分别为：iPhone516GB 版 199 美元、i-Phone532GB 版 299 美元、iPhone564GB 版 399 美元。

iPhone5 刚一发布，就引来了众多粉丝的疯狂抢购。iPhone5 仅 1 小时就卖出一周的出货量，轻松打破 iPhone4S 的 22 小时，以及 iPhone4 的 20 小时。而据国外媒体报道，iPhone5 在上市首周的销量突破了 500 万部。在 iPhone5 的强势冲击下，三星 GalaxySIII 手机再一次遇到了竞争对手。

对于已经在苹果公司工作了十几年的库克来说，他曾亲眼见证了苹果每一款产品的诞生。其中的大多数产品自推出之后，深受好评，特别是 iPhone 手机，更是深受追捧。作为乔布斯的继任者，库克深知自己责任重大，崇尚竞争，勇于挑战，并且善于规划的他，绝不允许苹果公司在他的手里丢掉行业霸主的地位。

第七章
信我所选，雷厉风行
——库克正在改变苹果

也许是乔布斯的光芒太过耀眼，所以库克自接任 CEO 那天起，就面临着种种质疑。事实上，不只是库克，换任何一个人接替乔布斯都会受到质疑。虽然和乔布斯比起来，库克有不足之处，但库克也有自己的优势。他擅长成本控制，精通供应链管理，他更加相信团队的力量是巨大的。所以，当他接任 CEO 之位后，就开始着手改造苹果。他不是乔布斯的跟屁虫，他有自己的理念和想法。

第一节　打造强有力的团队

库克是一个极其重视团队合作的管理者。这种观念是从他在苹果长达十几年的工作中慢慢意识到的。

库克是在 1998 年正式加盟苹果公司的。当时的苹果公司跟如今的苹果公司简直不可同日而语。那时，苹果公司因为管理失当，已经陷入了不可自拔的困境。然而从不服输的乔布斯并没有因此气馁。

面对公司不断亏损的被动局面,乔布斯调动起他的团队,开始在各个方面重整旗鼓。经过团队成员一番辛苦的努力,苹果公司很快就推出了在苹果公司发展史上具有巨大象征意义的 Apple 一代和二代电脑,结果获得了巨大成功。为了进一步扩大成果,乔布斯随即又组成了一个研发团队,专门负责研发麦金塔电脑。这个研发团队被乔布斯称为是苹果公司历史上最伟大的团队。在他们的共同努力下,麦金塔电脑一经面世就风靡一时,成为众多消费者追捧的对象。而更重要的是,由于这款电脑的成功,从而把一度濒临破产的苹果公司拯救了回来。

　　从此之后,苹果公司便迅速走上了急速发展的道路。在接下来的几年当中,苹果公司又相继推出了众多在日后炙手可热的明星产品。比如 i-Pod、iPhone、iPad、mac 等等。这些产品无一例外地都成为了全世界消费者顶礼膜拜的产品。它们的巨大成功让苹果公司从此成为了全球高科技企业里当之无愧的佼佼者。

　　而这些产品的成功并不是仅凭一个人的力量就能做到的,它靠的是其背后那一个个伟大的团队。就拿其中最具代表性的 iPhone 来说,它的成功因素就包括其硬件设计、软件设计、产品营销、供应链体系等多方面的通力合作。

　　对于苹果公司从低谷逐渐步入高速发展的历程,库克作为一个参与者把这一切都看在眼里。而最让他感触颇深的就是苹果公司团队的力量。也正是从那时起,在库克的内心深处,团队合作开始深深地扎下了根。在他看来,一个公司要想获得成功,就必须要有团队精神。

　　因为团队精神是大局意识、协作精神和服务精神的集中体现。对于苹果公司来说,团队精神大及整个企业,小至其下的各公司或部门。只有这些部门齐心协力,才能创造出伟大的产品,增强自己的竞争力。科学而完善的团队管理制度能够增强团队成员主观能动性和团队协作意识,提升团队向心力、凝聚力,可以保障团队工作中及时沟通、有效执行,把个体利益和整体利益和谐统一。可以说,团队精神是企业的精神支柱,良好的团队合作能够促进成员之间更加团结起来,朝着同一目标充分发挥工作潜能,促进企业组织的高效率运转。

这种团队意识在库克成为苹果公司的 CEO 之后变得更加强烈了。

在刚一上任之后,他就把打造强有力管理团队,并最大调动该公司研发团队的工作积极性,当成了自己的工作目标。

对于之前乔布斯所提出的"向心力"理论,库克深表认同。乔布斯在 2004 年接受某媒体采访时说:"不少科技公司其实都拥有大量了不起的技术人员和聪明员工。但最终我们必须拥有一种'向心力',使这些人员能够协同工作。如果做不到这一点,大量了不起的技术无法形成整体,而是杂乱无章地飘荡在宇宙当中。"如今,库克将实践乔布斯这一理论扛到了自己的肩上。

他认为,要想让苹果公司保持技术创新力度,就必然依赖公司其他数名重量级高管。

其中,乔纳森·伊弗主要负责产品设计,斯科特·福斯托尔负责移动软件开发,鲍勃·曼斯菲尔德负责硬件技术研发,皮特·奥本海默负责公司财务问题。只有这些高管之间做到通力合作,才能提供公司的效率。

为此,库克要求这些高管层每周一上午必须要召开会议,以了解公司最新销售情况,并对苹果各项新战略加以讨论。对此这个团队,库克一直信任有加,他曾说:"苹果管理团队睿智无比,并拥有乔布斯所倡导的创新意识。追求完美已成为这个团队的习惯。"

在接过乔布斯的帅印之后，一向行事低调的库克已在苹果确立了自己的管理风格。出于对加强团队协作的需要，库克一改乔布斯的管理作风，加大了与公司员工的沟通力度。为了能在第一时间了解员工的想法，他经常向全体员工发送电子邮件，称员工为"团队"。

2012年，库克考虑到公司的教育培训部门一直游离于公司整体的组织架构之外，这将不利于公司的发展，于是便做出决定重组了庞大的教育培训部门。他将这个部门拆分为了销售和营销两大职能，然后将其纳入了相应的公司级业务部门。

这次调整，不仅优化了苹果的组织结构，还强化了全球产品营销资深副总裁菲尔·席勒和副总裁约翰·布兰顿的职责。在库克眼里，这两位高管拥有着丰富的营销管理经验，通过这次调整，可以让这两位高管能够拥有更大的发挥自身能力的空间，而这对于苹果公司的销售工作来说，将会十分有利。

也许是乔布斯的影响力过于强大，从而使得人们总会对库克提出质疑。很多人都认为没有了乔布斯的苹果将永远无法继续辉煌。然而库克却用他的实际能力证明了没有了乔布斯的苹果将会更伟大。

2012年2月13日，西方情人节前一天，苹果的股价站上500美元/股的高位。在"乔帮主"离世后的四个多月中，这家公司的股价从360美元一路飙升，又一次被称之为"奇迹"。

面对如此惊人的业绩，人们不禁会问：企业的核心价值究竟是什么？当乔布斯执掌公司帅印时，毫无疑问苹果的核心价值，既代表个人，亦代表团队。乔布斯的巨大影响力使得人们相信，企业领袖的个人魅力是团队的粘合剂,甚至是企业品牌价值的放大器。然而,这就出现了一个问题,当乔布斯已经离去,他的影响力开始渐渐消退时,为何苹果公司还仍然保持着强劲的发展势头呢?我们不得不问,在企业的市值中,企业家及其团队的价值到底占多大比重呢?

对于这个问题,库克有着自己的看法,他认为个人的力量是有限的,个人能力再怎么强大,也绝不可能仅凭一己之力就能打造一个成功的公司。任何一个公司的成功,都是团队的成功,是团队成员齐心协力,共同努力的结果。

也就是说,一个成熟的企业的标志就是没有不可或缺之人,即便是伟人乔布斯也不是那个左右企业未来的"关键先生"。

他认为,管理团队是现代企业的核心价值之一。团队的力量是强大的,它可以超越时间和空间,一个伟大的公司能让平凡平庸的人集合为团队,去实现任何个人所不可能实现的伟大目标。

第二节　引导苹果公司转型

库克是运营管理者出身，早在加盟苹果公司之前，他就在 IBM 和康柏这两家赫赫有名的大公司负责运营业务。可以说对于公司的运营，库克拥有着极其丰富的管理经验。

在这点上，乔布斯和他是完全不同的。众所周知，乔布斯是个技术狂人，崇尚技术创新，他在执掌苹果公司时，始终把目光盯在公司的产品研发上。也正是因为这样，使得苹果公司成为了一家以工程师决策为主的公司。虽然这样的管理理念可以为公司创造出很多竞争力极强的产品，然而它的缺点也是显而易见的。那就是这种类型的公司往往不会考虑生产效率、成本节约等问题。

事实上，这两点对于一个公司保持持续、稳定的发展具有着重要意义。所以，库克在接受苹果后，便产生了改变苹果公司的想法。他想引领苹果向传统公司转型。

一次，库克在苹果 Cupertino 总部举行的纪念乔布斯典礼上表示，他将会遵循乔布斯的遗愿，即不要想乔布斯会怎么做，而要做出对苹果公司最有利的决定。

那么库克的决定都有什么呢？

首先，他决定开始向投资者派发股息和回购股票。如果乔布斯在世的话，他一定会对库克的这决定而暴跳如雷，因为乔布斯向来反对这一做法,但在库克看来,要想让苹果公司更加稳固地发展下去,这将是一个不错的方法。

于是在 2012 年的 3 月,苹果公司正式对外宣布,将于本财年开始向股东派息,每股发放季度派息 2.65 美元。这是自 1995 年以来苹果公司首次派发股息。与此同时,苹果公司董事会还批准了一项回购 100 亿美元公司股票计划,这项计划从 2013 财年开始,计划将用三年时间完成。

一直以来,很多股东都在抱怨苹果公司这种守财奴的做法,如今苹果公司禁止向股东派息的观念终于在库克手上被打破了。就在苹果公司宣布该消息后,苹果公司的股价就发生了巨大涨幅,股价首次收于 600 美元上方,报 601.1 美元;收盘较前一交易日上涨 2.65%;盘后其股价继续上涨 0.57%。其市值又创下 5600 亿美元新高,较全球第一大市值的埃克森美孚(XOM)市值高出 1500 亿美元。

业内表示,通过派息和股票回购的方式,苹果将在未来三年内以上述两种方式向股东返还 450 亿美元资金。

对于乔布斯始终不肯派发股息的做法,库克深知其内在原因。他知道乔布斯之所以会如饥似渴地囤积现金,其实就由于他受到上世纪 90 年代末公司所经历过的濒临破产边缘的影响。当时公司之所以会陷入困境,就是因为手中缺乏资金,乔布斯再也不希望苹果出现因资金缺乏而四处寻求财务援助的情况。

然而,在库克看来,如今的苹果公司早已今非昔比,公司所拥有的巨大现金储备是令很多公司艳羡的。他不希望苹果公司还走乔布斯的老路。而且考虑到当前的银行存款以及 iPhone、iPad 和 iPod 的强劲需求所带来的高额收益,库克十分清楚,苹果公司完全可以承受这一数额。

库克的这一做法得到了很多人的赞赏。很多分析师和投资者都认为,库克做出派息的决定是他愿意倾听股东心声的一个重要表现。这是很多股东都希望看到的。

苹果的长期股东阿斯福·克汗认为库克"正在逐渐改变苹果的文化,但的确在向着好的方向发展。根据我目前的观察,他所做的一切都是将苹果打造成为一家更有亲和力的公司"。

除了宣布派息之外,库克还做了一件之前乔布斯绝不会做的事,那就是推出慈善项目。

该慈善项目规定:只要员工的慈善捐款不超过 1 万美元,苹果都将捐出等额资金。

由于乔布斯的巨大影响,使得他的继任者将会面临前所未有的压力,从而需要承受来自各个方面的质疑。如果换做是一个对自己不大自信,或是能力稍微逊色的人,也许他早就被这种压力搞垮了,但库克却显得十分沉着和冷静。

他不仅没有让人们的担心成为现实,还领导苹果公司创造了辉煌的业绩。

在他接任 CEO 以来,苹果公司的股价已经飙升了 60%,推动苹果市值达到了 5600 亿美元,位居全球第一。在乔布斯去世后的第一个季度,该公司的收入也创下 36 年历史上的最高纪录。

苹果当前的表现十分优异,分析师肖·吴甚至预计该公司今年的现金储备将再增加 700 亿至 850 亿美元。这相当于平均每周新增 13 亿至 16

亿美元现金。

毫无疑问，库克的能力是不需要质疑的。曾有人这样评价库克说："库克担任 CEO 的表现应该得'A+'，这恐怕是我们见过的最顺利的公司领导层变更。"

和乔布斯极少会见投资人不同，库克在担任首席执行官之后，开始积极接触各方人士。他经常会去和华尔街的人进行沟通，同时也加大了和政府官员往来的频率。在他看来，只有和这些人的关系处理好了，才会使苹果公司能在第一时间获得各种信息。

曾人有认为库克在接任之后，会完全按照乔布斯的方法管理苹果，然而事实上，库克并没有这么做。他把苹果贴上了自己的标签。而他之所以会"违背"乔布斯的意愿，是因为他想把苹果管理得更好。

在他的管理下，苹果公司在失去乔布斯之后，仍然保持着平稳的运行。对此，摩根士丹利的一名苹果分析师说："在库克接管公司之后，苹果的市值增长了 1400 亿美元。尽管相对于它的最高峰的股票价格下跌了 15%，价值 5000 亿美元的苹果依然超过了埃克森美孚(XOM)1000 亿美元的市值。库克担任首席执行官的 3 个季度以来，苹果已报告利润 310 亿美元，卖出 8900 万台 iPhone 和 3800 万台 iPad。这些都持续超过了华尔街的预测。"

库克另一个"违背"乔布斯的做法则是加强了与中国合同制造商的合作。在他看来，中国拥有着丰富的廉价劳动力，如果能够中国的制造商合作，那么就可以为苹果公司节省很多支出。

一次，《纽约时报》的一篇文章对中国的合同制造商进行了激烈的批评。库克立马认识到了问题的严重性，于是马不停蹄地前往中国去视察中国的代工工厂,同时他还让苹果加入了公平劳工协会。这是一家由整个行业提供融资的第三方监控组织,可造访制造工厂,并独立发布调查结果。

对于中国业务,库克明显要比乔布斯重视得多。据某数据显示,2011年年底,苹果在中国的资产价值高达 26 亿美元。由于当时苹果只在中国开设了 6 家零售商店, 所以这一数字基本上相当于苹果代表供货商所购买的原材料和设备的价值。

分析师猜测,由于苹果 2012 年的预期资本支出高达 70 亿美元,这表明苹果正张罗着想要取得重大的增长。"这种投资的目标是提高产量。"投资公司 T.RowePrice 的资产管理经理大卫·艾斯维特说道, 他代表客户持有 2400 万股的苹果股票。他指出,和硕联合(Pegatron)和捷普科技(Jabil)等苹果供应商一直都在购买复杂的机械工具,而日本钻头制造商则表示,它们正在进军消费电子产品领域。艾斯维特称,他认为这些活动都是代表苹果进行的。从苹果所拥有的数额庞大的现金和制造技术来看,"苹果供应链正在做一些其他人从未做过的事情"。他和其他市场观察人士都指出,所有这些行动都是在库克的指示下采取的。

和其他公司比起来,苹果公司的运营能力实力强劲,这跟库克重视运营团队管理密切相关。可以说,这种运营效率一直都是推动苹果取得成功的因素之一。

然而所有不熟悉苹果公司的人根本不会把注意力放在这个上面,因为所有人都把注意力放在了外形美观以及华丽的营销活动上了。

库克深知运营管理这块一直没有得到足够的重视。鉴于此,库克决定把运营效率问题上升至更高的高度。

在库克的安排下, 苹果公司的很多之前没有机会参加任何重大会议的项目经理和全球供应链经理都开始有机会参加公司召开的各种重大会议。显而易见，库克这样做的目标就是要提高公司运营团队的影响力和决策力。

种种迹象表明，苹果公司已经在库克手里慢慢变成了一家更寻常的公司。

一个新加盟苹果的前高盛集团银行家是唯一一位负责并购交易事务的高管。而乔布斯在世时，苹果的并购交易主要是由他本人进行的。如今，这位银行家领导着三名企业发展专家，这样苹果就能同时进行三项交易。对此，一名苹果职员说："现在的苹果已经变得越来越传统了。"

库克给苹果员工留下的印象也似乎比乔布斯显得和蔼得多。为了尽可能地了解员工的情况，库克常常会去自助餐厅和员工们一同进餐。在整个用餐期间，他总是不停地问长问短。而这是乔布斯永远不会做的事。

库克认为和员工进行及时地互动对公司的发展有十分有利的。

第三节　卓有成效的"成本控制"

　　库克对于苹果公司的作用是十分重大的，这是所有苹果人都必须承认的。在供职苹果的十几年时间里，库克做出了很多足以令人夸赞的成就。作为一个被公认的"运营专家"，库克做得最漂亮，最让人称赞，给苹果公司带来更大改变的事就是他完美地控制了苹果公司的成本。

　　了解库克的人都知道，他是一个果敢坚强，雷厉风行的人。认定了的事，就算有再大的困难，他也会一往直前，努力做到极致。

　　对于任何一个公司来说，特别是对于那些庞大的企业来说，成本控制向来都是困扰它们的一个大难题。如果不能做到很好地控制成本，公司的盈利就会受到直接的影响。所以，每一个公司都在绞尽脑汁地思考如何真正地控制成本。

　　在这一点上，苹果公司是幸运的，因为他们有库克这个会运营的人在掌舵。在库克的精心管理下，苹果供公司的成本控制做得非常好，甚至让很多竞争对手自叹不如。

　　因为苹果公司实现了良好的成本控制，这就使得它的产品在市场上极具竞争力。就拿公司的 iPhone 来说，自从 iPhone 被推向市场后，它基本上占据了半壁江山。在如此强大的竞争力面前，昔日风光无限的 Nokia 公司不得不败下阵来。

　　对于 Nokia 公司来说要想和苹果这样的强大的竞争对手竞争，可谓是困难重重。虽然 Nokia 的价格要比 iPhone 便宜很多，表面上看 Nokia 似乎比 iPhone 更有竞争力，而事实上，Nokia 为它的低价付出了很多成本。由于成本过高，所以虽然 Nokia 的价格要比 iPhone 便宜，但盈利能力却异常有限。

对此，Nokia 得出一个结论：要在成本上与苹果竞争，必须一分一厘地在每个手机组件上讨价还价。据国外某评测机构称，Nokia 要每卖出两部 Lumia 才抵得上一部 iPhone 赚的钱。这背后的原因到底是什么呢？

对于这一点，苹果的库克是最清楚的，因为他就是那个帮助苹果公司实现成本控制的人。

自从加盟苹果以来，库克最关注的一个工作就是控制苹果公司的供应链。他认为只有控制了供应链，才能控制成本。为此，他努力了十几年。

如果论市场份额来说的话，无疑在近几年 Android 的优势十分明显，然而这并不能说明 Android 的利润也是最好的。事实上，什么样的公司才是最牛×的公司？是那些能够保持地位的公司和股东赢得最大利润的公司。很显然，在这方面，Android 根本不是苹果的对手。

正是因为成功的成本控制，所以使得苹果公司拥有着比其他公司更强大的盈利能力。众所周知，苹果公司的每一款产品都是最佳武装。无论是 iPhone、iPad，还是 MacBook，它们用的都是最好材质的配件，再由过硬和高效的制造商加工和组装。这些产品不但有着不可挑剔的质量，而且其制造成本也要远低于竞争对手的产品。

很早之前，很多人都对苹果 iMac 的价格颇有微词，他们说："一部 i-Mac 是多么神奇的机器啊，它由很好的材质制造，也拥有了不起的 OS，但是,哇哦,看看它(夸张)的价格"。回头看苹果公司的历史的确如此,然而,如今再也不会有人说这样的话了,苹果公司在库克的管理下已经发生了巨大的转变。

一直以来,苹果的产品由于在设计上、材质上花费较高,所以就使得其产品的价格往往高于其他竞争产品。不过对于很多消费者来说,为了买一款个性十足、功能强大、外观漂亮的产品,多花点钱还是值得的。

而库克也一直认为,好产品就要配以较高的价格,这是不可辩驳的。

在独有"哲学"引导下,iPhone在帮助苹果走向世界上最有价值科技公司的道路时,也迅速大量地贡献了可观的利润。所以,不得不说,苹果公司在利润和赚钱方面的成功,是过去10年内由正确策略指导下积累的成果。

有人会问,苹果公司为何会具有如此强大的盈利能力呢?这要在它产品的制造环节上去找原因。

所有人都知道,一直以来在元件供应链和制造上,苹果始终占据着独一无二的优势地位,这赋予它无可比拟的灵活性。这样的成功不得不归功于库克。

目前,苹果公司拥有着巨大的现金储备,这就使得苹果公司完全有能力和实力在技术上引领潮流,保持领先地位。

为了保证产品的优势地位,苹果公司常常会提供充裕的资金,帮助合作伙伴和制造商改进和升级设备。正所谓"天下没有免费的午餐",对于那些获得帮助的供应商来说,苹果公司的钱是不能白拿的,他们必须要适当地调低供货价格才行。如此一来,苹果就获得了议价和供货的优势,有了这一优势,苹果公司就又能够投资和尝试最新技术。

　　一般来说,制造商研发有竞争力的新技术,往往会产生巨大的资金缺口,它们弥补的方式则是在技术成熟后转让给其他人,这是先进的生产和制造技术产生的传统途径。然而苹果公司却并没按照传统的路线去走。在这些最新技术"传递"给苹果的竞争对手之前,苹果已经在主导和加速了这些技术产生的过程和各个环节,苹果会帮助制造商建立新工厂、购买机器、训练高水平技术工人和雇员。

　　这样做的效果是十分明显的,苹果不但拥有了开创性的最新技术,还达成最优的交易条件和交易价格。这就是为何苹果的产品既能保持领先于行业的高端水准,又做到了控制成本。

　　有例为证:

　　苹果公司是第一个使用电阻触控屏的公司,当时电阻触控屏还是十分罕见的东西。IPS 面板、更薄的设计、一体式铝合金机身,新型耐刮玻璃,这些都是苹果率先使用的新技术。可以说从内到外,全新的技术、完全不同的产品,苹果产品一诞生就占据了压倒性的竞争优势,而杰出的配件和成本控制又带来了巨大的利润空间。

　　一直以来,人们一直都把注意力放在了苹果那些出类拔萃的产品和高额的盈利上,而没有注意到苹果公司卓有成效的成本管理。

　　据有关资料显示,在当今世界各大高科技企业中,苹果所花费的企业支出占公司总销售收入的比例是非常小的。苹果的"企业支出"主要包括该公司的销售成本、一般成本以及管理成本,三者在一起简称为"SGA 成本"。而一系列数据显示,近年来,苹果的 SGA 成本与其营收的比例在逐年稳步下降。

　　也许在很多人眼里,成本管理和创造那些风靡世界的产品比起来,其重要性简直是小巫见大巫。然而在库克眼里并不是,他认为成本管理和其他工作是同样重要的,如果公司的成本管理抓不上去,那么公司每年都会白白浪费掉巨额的资金。这样的浪费是非常不值得的,还不如把这些资金节省下来,去做更有意义的事。

为此,库克在过去的 10 年里,一直在员工工资、设备租赁以及基础设施上的开销进行着严格的控制,在他的努力下,与其销售收入的比例也在逐步减少。

而随着苹果的总营收不断增长,苹果公司 SGA 成本所占的比例也随之不断下降。与苹果相比,对很多高科技企业而言,其企业支出在无论该公司的销售业绩是否有所提升的情况下,都是固定不变的。

库克曾说:"降低 SGA 成本是非常重要的一个环节。苹果从 SGA 成本中每节省下来的 1 美元,都将会为公司的营业收入增加 1 美元。对于 1000 亿的营收而言,1 个百分点也是一笔不小的数额。"

库克就是这样一个会算账的人,身为公司成本控制的负责人,他必须要拥有这样的意识和能力。

没有任何其他高科技企业能够拥有如此低的 SGA 成本与总营销比例。事实上,许多竞争对手的 SGA 成本与总营销比例要远远高于苹果。

不过苹果并非一直对其企业支出进行如此严格的成本控制。但是其一度高企的运营成本正在稳步下降。

相比苹果公司,很多高科技巨头,例如 IBM、微软、思科、谷歌等公司,他们的成本控制效果就没有那么明显。他们在过去的 10 年里,虽然一直在努力控制成本,但始终难以稳步降低 SGA 成本与销售额的比例。

而苹果的情况就很不同了。苹果不仅提升了自己的营收，还保持了自己的 SGA 成本稳步下降。

库克对于苹果公司的来说是不可或缺的，因为他的存在，苹果公司才实现了良好的成本控制。这是很多公司都梦寐以求的。

第四节　建立了完善的分销渠道

库克曾说："苹果要想在国际市场上保持领先地位，不仅要在产品上下功夫，还要在销售渠道上下功夫。"

很多人都问为什么苹果的每一款产品都能卖得那么好？为什么苹果产品在进入一个国家后，总能迅速占据领先优势，而让竞争对手感到无可奈何？

其实这不仅仅和苹果产品自身有关，其背后还有着更深层次的原因。如果研究一下苹果公司的分销渠道的话，你会发现苹果公司在分销策略上不仅有着清晰地规划，还十分有"手腕"。

我们不妨来看看苹果公司在中国市场上是怎么做的？

当苹果公司和中国联通独家合作的三年合同还未到期之时，苹果就已经开始在中国市场上寻找其他代理商了，很多人为此对联通公司感到不平。他们认为苹果公司不讲信用。其实苹果此举并不是想抛弃联通，这只是它对中国市场销售策略另有谋划。它的目的很明确，那就是想在分销市场上更多地掌握主导权。

2011 年 2 月 17 日，中国手机分销商天音控股正式发布公告称，公司已在 2 月 15 日正式收到苹果公司寄来的分销商协议,成为苹果公司在中国大陆的指定授权分销商,将分销目前或过去在授权苹果产品清单中出现的产品。初始期限从协议生效之日起至 2011 年 12 月 31 日。看得出来,苹果公司是想通过这一做法,扩大 iPhone3GS 手机的销售渠道。

与此同时,业界频频传出苹果即将与中国电信达成 iPhone4 的合作协议。逐渐熟悉中国市场的苹果不再将"身家性命"单单寄望于联通。

一直以来,在公司的销售渠道这点上,库克煞费苦心。此前,苹果公司一直不怎么看重中国市场,但库克认为这种想法是不明智的。种种数据显示,中国市场是一个潜力巨大的市场。

2011 年 1 月,库克对外表示,2011 财年第一季度公司在大中华区的营收高达 26 亿美元,同比增长 4 倍,而 2010 财年全年营收仅为 30 亿美元。苹果公司并未公布中国联通售出的 iPhone 数量。不过据知情人士透露,单就 iPhone4 来说,从引入到 2010 年底,中国联通已经售出将近 100 万部 iPhone4,还手持大量的待售订单。

苹果公司没有必要总是带着有色眼镜看待中国市场。正是在他的极力倡导下,苹果公司最终制定了针对中国市场的分销策略。

苹果与中国联通的合作始于 2009 年 8 月,两家公司签订三年合作协议。与苹果在其他市场上的运营不一样,它授予中国联通的并非独家代理销售权。中国联通方面则认为,他们相信中联通是国内唯一一家销售 i-Phone 的运营商。因为中国联通运营的 3G 标准是 WCDMA,苹果当时的 3GiPhone 只有这种制式。

从此以后,苹果公司在中国的动作越来越大。2010 年,苹果公司在上海开设了一家旗舰店。此后苹果高管透露要在 2012 年前,在中国开设 25

家类似的直营店。

在 2011 财年第一季度财报中，苹果特别强调了来自亚洲市场，尤其是中国市场的收益和反馈。财报数据显示，苹果零售店上季营收为 38.5 亿美元，同比增长接近 2 倍。其中，中国市场的强劲需求也令 iPhone 在亚洲销量增长最快，业绩同比增长 100%以上。在库克看来，苹果没有任何理由排斥中国市场。这样一来，苹果公司就必须要在分销渠道的设计上下点功夫。那么苹果公司是怎么对分销渠道进行设计的呢？

分销渠道战略的选择是公司发展的重要部分，对未来公司产品的生产与销售有着重要的影响。苹果公司产品的专业性很强，有着极高的科技成分和专属性。在这情况下，库克为公司设计以下几种分销渠道：

人员销售：由于苹果电脑在图形处理，核心频率和顶点处理单元、像素渲染流水线上拥有着巨大优势，所以，它吸引了美国很多大的广告公司，如奥美、麦肯、李奥贝纳等都在使用它的电脑进行制作。面对这些大客户，苹果公司专门设置了大量的办事处与分公司，在公司营销中心的统一管理调配下，为这些客户服务，并同时开发相关区域内的新客户。

代理商：相对于人员销售而言，代理商对于苹果的作用是将其产品推向更广大的普通消费者。因此，苹果除了专业领域的客户以外，更是在广大普通用户中开阔了新的市场，所以，苹果与代理商之间的互惠互利关系，使得代理商与后面所说的分销商的业务十分兴旺。

分销商：和代理商不同，对于分销商，苹果给予了他们独有的分销权利，良好的利润、产品培训和促销支持使他们在销售环节上更有优势。

OEM：在一些配件上，苹果授权了一些第三方公司生产类似的产品，并允许其在市面上销售。

自营店：可以说，自营店是苹果公司一个最具杀伤力的"武器"，正是因为它的存在，使得苹果公司在中国市场上凝聚了大量的粉丝，获得了高额的销售利润。

　　网店：这里的网店指的不是淘宝这类的分销类网上销售，而是苹果自己建立的官方网站上进行的销售模式。事实上，不论你是苹果电脑的用户还是 iPod 和 iPhone 的用户，大多数的更新都会在苹果的官网上进行，所以作为一个苹果的用户，看到苹果那么多炫目的其他产品或者是配件很难不心动，加之其简单便利的网购流程，几个简单的点击就会使客户的钞票流入苹果公司的口袋。

　　这些颇具特色的分销模式为苹果公司带去了巨大的销售利润，使得苹果公司能够以最快速度占领市场。

　　然而，我们要知道，分销渠道的建立仅仅只是一个开始，作为企业最宝贵的资源，必须要加强对其进行长期有效的管理才行，否则将会大大阻碍苹果产品的销售。

　　那么库克又是怎么管理这个复杂而庞大的分销渠道的呢？

　　首先，库克认为要对渠道成员进行激励。而要想对成员进行有效的激励，就必须先要弄清楚这些成员的需求和欲望。对于利益的追求使得货物的热销与否成为分销商最关心的内容，就这一点来说，苹果是一个让分销商完全满意的商家。因为巨大的广告投入让其产品的时尚感，社会认知度和认同感都相较其他的同类产品都有巨大的优势。

　　据统计，2007 年 6 月 29 日到 2007 年 9 月，iPhone 的广告投入为 1660 万美元。苹果 2008 年底向美国证券交易委员会提交的 10-K 文件显示，该公司 2008 年的广告预算资金为 4.86 亿美元。苹果 10-K 文件显示，

2006~2008 年 3 年中(包括 2008 年),苹果广告支出总额为 13 亿美元,其中 2006 年为 3.38 亿美元,2007 年为 4.67 亿美元。

如此巨额的广告投入,在刺激了广大消费者购买欲望的同时,也让所有分销商充分意识到了苹果公司的财大气粗。面对这样的商家,有谁不愿意与其合作呢?

其次,分销商为了其自身库存和资金流转率的考虑,他们会期望于公司能够提供更多的产品组合的订单。换句话说,他们更希望苹果提供的产品之间的联系更加紧密,使得消费者同时购买一件以上的产品,或者在短期内购买相关的产品。那么,我们回过来看苹果的产品,iPod 的问世,其原本就是作为苹果电脑的一个附属配件而产生,是为了使得购买苹果电脑的消费者在随身音乐方面有一个更多的选择。当然,iPod 后来如此的蹿红可能是乔布斯自己也没有预想到的,它的热销反过来对苹果电脑的销售有了一个促进作用。两件产品之间有如此的相互促进作用,这对于分销商无疑是一个巨大的好处,那么,苹果激励分销商的目的也达到了。

庞大而复杂的分销渠道为苹果产品走向世界提供了保障。在这一点上,库克功不可没。

第八章
迎接创新
——推出"让人难以置信的"新产品

　　库克始终坚信,创新是一个公司的发展之道。对于苹果公司来说,只有不断的创新,才能保持竞争力。他认为苹果公司不仅要硬件领先,软件也要领先;不仅服务意识要领先,组织内部结构的设置也要领先。唯有如此,苹果团队才能创造出更好、更具竞争力的产品。

第一节　始终坚守创新之道

　　如果要问库克在乔布斯身上继承了什么，或是学到了什么，毫无疑问，他继承了乔布斯的创新理念，意识到了创新对于苹果公司的重大作用。

　　在苹果公司工作的十几年时间里，库克感触最深的莫过于乔布斯对于创新的激情。

　　早在 2005 年 7 月 24 日,《商业周刊》杂志曾公布过一份 2005 年度全球创新企业二十强名单。其中苹果电脑以绝对优势排在第一位,其支持率高达25%,比第二名的3M高出13个百分点。

苹果被评为全球最具创新精神的企业可谓是实至名归。如果回望一些苹果公司的发展历史,我们就会发现,苹果公司的历史其实就是一部不断锐意进取的创新史。因其对创新的执著追求,使苹果公司始终魅力十足。在全世界所有高科技公司里,苹果公司是最特别的一个,它特立独行,崇尚创新,热衷竞争,给人们留下了深刻的印象。

在公司创办初期,苹果人曾把一面海盗旗挂在了楼顶上,此举是在向世人宣称:"我就是与众不同。"鼓励创新、勇于冒险是苹果公司始终坚持不变的价值观,经过多年的积累和沉淀,它已经成了苹果公司核心价值观的一部分。

在苹果公司,如果哪位员工善于发明创造,他就会受到所有人的尊重,这种独创精神是乔布斯最欣赏的。

乔布斯常常对人说:"只有勇于否定自己,超越自己,才能不断推出新的产品,才能让自己的产品在市场上占据主导地位。"在这一理念的影响下,苹果公司开发了很多在当今世界引领时尚的产品。

比如鼠标、图形消费者界面、USB接口、激光打印机、DVD刻录机、彩色显示器……这些新玩意都与苹果有着千丝万缕的关系。自白手起家,小小的苹果电脑便在技术领域内引发两次变革;它一次次推出的革命性的外观设计,让所有追求完美的人为之倾倒,也使得从IBM到微软,所有的电脑厂商,无不跟着苹果的设计亦步亦趋。可以这么说,在IT界,也许没有谁能比苹果更具创新能力。

苹果公司的辉煌开始于1977年推出的"苹果Ⅱ"电脑。这是一款个性独特、设计新颖、功能齐全、使用方便的电脑。它打破了过去个人电脑沉重粗笨、设计复杂、难以操作的形象。它是当时全球第一台有彩色图形界面的微电脑。也正因为如此，所以它被公认为是个人电脑发展史上的里程碑。

"苹果Ⅱ"一经推出就一鸣惊人，吸引了很多消费者前去观看、试用。很快各地的订单如雪片般纷纷而来，短短几年时间里，苹果电脑就风靡了大半个美国。一场"个人电脑革命"在"苹果Ⅱ"的推动下，轰轰烈烈地展开了。"苹果Ⅱ"的成功让乔布斯兴奋异常，同时也坚定了他继续走下去的勇气。

到了1989年，世界上第一台真正意义上的笔记本电脑在苹果公司诞生了。这台另类的电脑为以后笔记本电脑的造型打下了基础。

虽然苹果公司的电脑已经获得了成功，但在乔布斯的内心深处，始终有一个目标，那就是超越当时的"老大"——IBM公司。1984年，苹果公司正式向IBM公司发起了挑战。乔布斯手里的利器便是公司新推出的Macintosh系统。为了和IBM一决高下，苹果公司专门设计了一个在苹果公司广告历史上堪称经典的广告"1984"。这个广告酷劲十足、构思奇特，一经播出就牢牢地吸引住了消费者的眼球。Macintosh的横空出世立刻引起了空前的关注和讨论。

和很多传统广告比起来，这是一个创新性十足的广告，它充分展示了苹果公司的创新能力。当时，美国的三大电视网和将近50个地方电视台都在美国超级杯后报道重放了"1984"，还有上百家报刊杂志评论"1984"的现象和影响，这些都为苹果公司和Macintosh做了免费广告。之后，"1984"赢得了戛纳电影节大奖和30多项广告行业的评奖，并被誉为20

世纪最杰出的商业广告。

如果有人要问苹果公司到底赢在了哪里,答案就两个字:创新。无论是在产品设计上,还是在广告宣传上,苹果公司永远以其崇尚创新的精神走在行业前列,引领着潮流。这样的创新精神,甚至让苹果的竞争对手都自叹不如。在某种意义上,苹果已经超越产品的概念,上升为一种标新立异的象征。

然而在创新这条道路上,苹果公司也曾走过一段弯路。由于太过于追求标新立异,使得苹果公司曾陷入了一种为创新而创新的恶性创新之中。为了追求创新,公司忘记了技术是为市场服务的这一最基本的商业规律,结果导致公司成本支出过高。在这样的创新理念的影响下,苹果公司利用一款款标新立异的产品一次次登上巅峰,也一次次地落入低谷。

当乔布斯再次重掌苹果公司后,面对公司空前的困境,乔布斯意识到了问题的严重性。虽然苹果公司拥有着优良的软硬件架构,精美的工艺设计,却始终打不开市场,原因就在于苹果公司离市场太远。他开始意识到,在消费惯性、便捷性和亲近性方面,独特的设计和领先的技术似乎并不如想象中的那么占优势。

正所谓"穷则思变"。在经历了一次次地挫败之后,乔布斯找到了擅长运营的库克。两人对苹果公司未来的发展进行了深入的思考。最终他们得出了一个结论,那就是对于一个高科技公司来说,实验室并不应成为它的主战场,它真正的战场是在消费者那里;高高在上的科技产品哪怕再好,也无法赢得消费者的心。

于是,他们决定要超越产品设计的局限,将创新运用到苹果再造的各个环节之中:从打破技术壁垒到开辟新业务,到产品营销乃至价格战……

在经过深入的市场调查之后，苹果发现大多数消费者并不需要功能太多的产品，因为很多功能他们根本用不到，或是不会用。他们需要的只是一个容易操作、外形简单的产品。鉴于此，苹果公司便设计了一系列操作简单、外形简洁时尚的产品，并且获得了巨大成功。

　　可以说，iMac 是苹果公司追求创新的一个最典型例子。它的推出是乔布斯重返苹果后做的第一件具有革命性意义的大事。

　　iMac 是苹果公司在 1999 年推出的一款电脑产品，包括红、黄、蓝、绿、紫五种水果颜色系列，一面市就受到消费者的热烈欢迎。和之前的电脑比起来，这款产品可谓是创意十足。其圆润柔美的身躯、半透明的装束、多变的色彩组合为个人电脑注入了更多的活力，而在 iMac 诞生之前，个人电脑只有黑白两种颜色。

　　由于 iMac 是苹果公司根据消费者心理设计的一款产品，所以深受消费者喜爱，推出三年后，其市场销量就达到了 500 万台。它的成功彻底将苹果公司从困境中拯救了出来。然而，苹果的创新却并非就此停止。

　　2001 年，乔布斯有了一个新想法，他想创造一个音乐播放器。这个播放器能快速和电脑连接，并告诉下载音乐，还能和 iTunes 软件高度一致，能很容易地组织音乐，而且要有方便用户操作的界面。

　　在乔布斯的号召之下，苹果的设计者们立即发动了创新的马达，开始了设计工作。几个月之后，一个在苹果历史上最重要的产品——第一代 iPod 问世了。这款 iPod 使用硬盘作为载体，容量为 5G，可以储存 1000 首歌曲。产品一上市就掀起了抢购狂潮，不到两个月时间里，iPod 就售出了 12.5 万台。

　　因为满足了消费者的追求，iPod 在推出三年的时间里，销量居高不下，其在消费电子领域创造的风头无人能及。可以说，iPod 的销售模式为消费电子市场开创了一种新的商业模式。用库克的话来说："这是一种远比技术发明更重要的价值创新。"

回顾苹果公司历年来所推出的每一款产品，我们会发现其实很多产品都并非是苹果公司首创，从技术上来说，MP3 不是苹果发明的，网络音乐下载也不是苹果的首创，然而就是由于苹果公司将这两者创新性地结合在了一起，最终使得苹果公司在 MP3 的市场上占据了霸主地位。

为了消除人们对技术的畏惧感，乔布斯和库克意识到苹果公司必须要打破多年来的技术封闭。于是，乔布斯抛弃旧怨，和宿敌微软公司坐到了谈判桌前，缔结了战略合作协议。

一开始时，iPod 只支持 Mac 系统，由 iTunes 程序从 CD 中拷贝音乐并上传到 iPod 上。虽然销量不错，但并未达到预期。这其中的一个重要原因就是 iPod 的限制太多。在和微软公司签订合作协议之后，苹果公司在 2002 年的 6 月就推出了一款能够连接 PC 的"Windows 版 iPod"。

从此，iPod 突破了 Mac 系统的限制，获得了广大 Windows 消费者的热烈欢迎，其潜在市场瞬间就被打开了。

创新还在继续。在尝到了创新的甜头之后，苹果公司随即就把目光投向了电脑领域。

2005 年 6 月，苹果公司与英特尔公司正式达成合作协议，宣布"将在苹果 Mac 计算机中采用 Intel 处理器"。苹果希望借与英特尔合作，摆脱长期以来 Wintel 联盟的制约，向 Mactel（苹果 MacOS 操作系统+Intel 中央处理器）联盟转变，打造全新的 PC 世界。半年以后，苹果公司便推出了苹果历史上首款采用英特尔处理器的 iMac 台式机。

从 iPod 到电脑领域，苹果公司的创新理念一步步走向了成熟。这对于苹果公司来说是一个福音，它使得苹果公司从此彻底摆脱了束缚，发展的空间变得越来越宽。

　　苹果公司从 1997 年乔布斯回归那年开始，一直到 2012 年，在这十年年的发展过程中，苹果公司所取得的成就是有目共睹的。无论是它的销售额、它的净收入，还是它的投资回报率，苹果公司都成绩斐然。很显然，这与苹果公司调整后的创新战略是分不开的。

第二节　硬件领先，软件也要领先

　　众所周知，苹果公司之所以能在高科技行业里立足，最初靠的完全是其卓越的硬件设备。例如，其在 1984 年研制成功第一台 Mac 机、1998 年，推出的 iMac，一经面世就成为了美国最畅销的个人电脑，随后苹果公司又在 1999 年推出了 iBook、G4 和 iMacDV，2001 年，推出了平面式的 i-Mac，从而取代了之前风靡一时的 iMac。这些产品无一例外都取得了巨大的成功。面对着如此巨大的成功，一向热衷创新的乔布斯并没有就此停下创新的脚步，很快他又组成了一个设计团队，专门负责设计 iPod，最终该团队在 2002 年正式研制了 iPod 播放器。而仅仅过了一年之后，苹果公司又趁势推出了了第三代 iPod 音乐播放器，可同时支持 Mac 和 Windows，并取消 Firewire 连接埠的设计。

　　在苹果公司历史上，iPod 播放器是一款名副其实的明星产品，它的面世让全世界的数字音乐爱好者为之疯狂，同时也为苹果公司创造了巨大的利润空间。不过这样的成功并没有满足乔布斯的胃口。在 2003 年之后，在乔布斯的带领下，苹果公司又相继推出了第四代 iPod 数码音乐播放器，迷你版 iPodmini 数码音乐播放器，第五代 iPod 播放器，第二代 iPod-mini 迷你数码音乐播放器，iPodshuffle，iPodnano 超薄数码音乐播放器，第六代 iPod 数码音乐播放器，第二代 iPodnano 数码音乐播放器，第二代 iPodshuffle 数码音乐播放器，第三代 iPodnano 超薄数码音乐播放器以及 iPodtouch 等竞争力强劲的产品。可以说这些产品的相继问世正是苹果公司追求技术创新的极佳表现。

而在笔记本电脑方面，苹果公司同样是创新力十足。2008 年，苹果公司正式发布 MacBookAir，这是当时最薄的笔记本电脑。就这款产品刚刚发布不久，公司又发布了新设计的 MacBook 和 MacBookPro，以及全新的 24 英寸 AppleLEDCinemaDisplay。

2009 年，苹果负责全球营销的高级副总裁菲利普·席勒又在 Mac-World2009 大会上发布了重新设计的 17 英寸屏幕的 MacBookPro 笔记本电脑。而在同年的 3 月份，苹果公司又推出了升级版的 iMac。

可以说，从个人电脑 AppleII、Macintosh 电脑、iPod 音乐随身听、64 位个人电脑 ApplePowerMacG5、MacBookAir 笔记本电脑一直到今天的 iPod-shuffle 五代、iPodTouch 四代、iPodNano 六代，苹果公司所推出的每一款产品都是世界电子产品领域里的奇迹。这样的奇迹只来源于两个字——创新。

然而，虽然苹果公司的成功是巨大的，但这并不代表公司在发展上没有任何问题。作为公司的管理者，库克意识到，随着全球竞争日趋激烈，苹果公司在硬件市场上的优势将会变得越来越小，而要想让公司继续保持领先的地位,就必须要在软件设计上下足功夫。

这种想法在库克正式出任苹果 CEO 之后变得越加强烈了。说到这,我们就不得不提一下苹果公司电脑操作系统——MacOS。

MacOS 和微软的 Windows 是一样,是被安装在苹果 Macintosh 系列电脑上的操作系统。MacOS 是第一个用于商业领域,并且是最成功的图形用户界面。虽然如今很多人都喜欢把 MacOS 和微软的 window 是相提并论,但事实上,微软的 window 诞生要远远晚于 MacOS。

2001 年,苹果公司正式发布了 MacOSX 系统,结果很快就吸引了 PC 用户的眼球。人们开始纷纷以在 Windows 系统中模拟出惟妙惟肖的 MacOSX 操作环境为荣。在用户们的眼里,MacOSX 已经不仅仅是一个操作系统,它更是一件让人倍感自豪的艺术品。

MacOS 共有两个系列,分别是经典版 MacOS,也被称作是"Systemx.xx"。另外一个则是新的 MacOS。

System1.0 是苹果公司专门为了麦金塔电脑打造的一款操作系统,发布于 1984 年的 1 月。System1.0 包括桌面、窗口、图标、光标、菜单和卷动栏等项目。

1985 年 4 月,苹果公司又发布了 System2.0 系统。相比于 1.0,2.0 没有什么太大的变化。

而在随后的两年里,苹果公司通过努力又将 Macintosh 的操作系统从 System2.0 更新换代到了 System5.0。但这些系统都是简单的小修小补,依旧没有什么大变化。

更新最大的系统是苹果公司在 1991 年发布的 System7。跟之前的系统比起来,这个系统的变化巨大,它是第一款彩色的系统,有 256 色的图标,不仅有更好的多媒体支持,而且还能更好地支持互联网。

　　然而让人失望的是 System7.0 自身存在着很多错误,当其被推出后,遭到了很多用户的抱怨。为了弥补该系统的错误,苹果公司又发布了 System7.0.1 和一些小型更新,但仍旧无法将错误彻底消除。

　　为了重新赢得顾客,苹果公司在 1998 年的夏季发布了 MACOS8,这是一款具有着划时代意义的操作系统,它得到了众多用户的拥护,仅仅在短短的两周内销售量就高达 125 万套。

　　在 MACOS8 发布的半年后,MACOS8.1 又尾随而至。1998 年 10 月,在乔布斯回归苹果公司之后,他很快就发布了 MACOS8.5,这款系统差不多对 MACOS8 的所有方面都进行了改进, 特别是提供了增强的 32 位色图标和系统视觉效果更换功能, 系统视觉效果更换功能允许用户能够自定义系统的外观。此外,MACOS8.5 还增加了 Sherlock。不过让用户感到颇为不爽的是,这款系统只能在 PowerPCMAC 上运行。

　　1999 年 10 月,MACOS9 面世。MACOS9 是 MACOS 的最后一个版本,此后它将被 MACOSX 所取代。

　　这一年是库克加盟苹果公司的第二个年头。在对苹果电脑进行营销时,库克开始意识到苹果公司要想进一步扩大电脑的销量,就必须要继续创新,不但推出新的、更贴近用户需求的操作系统才行。当他把这一想法说给乔布斯听时,乔布斯同样表示赞同。

　　于是,苹果公司在 2001 年的 3 月到 2010 年的 10 月,先后推出了印度豹、MacOSX10.1 Puma 美洲狮、MacOSX10.2 Jaguar 美洲虎、MacOSX 10.3 Panther 黑豹、MacOSX10.4 Tiger 虎、MacOSX10.5 Leopard 豹、MacOSX10.6 SnowLeopard 雪豹、MacOSX10.7 Lion 狮等操作系统。这几款操作系统无

论是在视觉效果还是在实际功能上都有了巨大的提高。

可以说,作为一名老员工,库克亲眼目睹了苹果电脑操作系统的每一次更新换代。同时,他也更加深刻地意识到,创新对于一个公司发展的重要性。库克认为苹果公司要想在世界高科技企业里立足,就不仅要做到硬件领先,同时也要做到软件领先。

库克之所以有这样的想法,其实是跟激烈的市场竞争有关。一直以来,在电脑操作系统方面,拥有着强大竞争力的微软公司始终是苹果公司的巨大威胁之一。

可以说在个人电脑操作系统领域,微软公司对推动电脑普及化做出了巨大贡献。而它的电脑操作系统一直是最受用户欢迎的产品之一。可以说在某种程度上,微软的视窗操作系统就是操作系统的代名词。

一直以来,让傻瓜都能轻松地学会使用电脑是微软当年开发视窗操作系统的最高宗旨。而图形界面操作系统和鼠标,虽然都是由苹果公司发明的,但将其彻底普及到人们日常生活中的,却是微软。

对于操作系统,微软的理念是要让它的使用变得简单,而苹果则希望让它像艺术品一样完美。

不同的理念最终带来了不同的市场反响。由于微软的操作系统更加简单易用,最终成为了市场追逐的主流。

1985 年 Windows1.0 正式推出,相信一些老一辈计算机使用者应该熟悉吧!

1987 年 10 月推出 Windows2.0,比 Windows1.0 版有了不少进步,但自身不完善,效果不好。

1990 年 5 月 Windows3.0 版推出,期间微软继 2.0 后还有代号为 286、

386 两款系统,但因其自身原因,一直没有得到人们的注意。直到 3.0 的出现才改观了这种局面,Windows 逐渐占据了个人电脑系统,3.0 也首次加入了多媒体,被舆为"多媒体的 DOS"。

1992 年 Windows3.1 发布,该系统修改了 3.0 的一些不足,并提供了更完善的多媒体功能。Windows 系统开始流行起来。

1993 年 11 月 Windows3.11 发布,革命性的加入了网络功能和即插即用技术。

1994 年 Windows3.2 发布,这也是 Windows 系统第一次有了中文版!在我国得到了较为广泛的应用。

1995 年 8 月 24 日 Windows95 发布,Windows 系统发生了质的变化,具有了全新的面貌和强大的功能,DOS 时代走下舞台。95 标明了一个"开始"按钮的介绍以及个人电脑桌面上的工具条,这一直保留到现在视窗后来所有的产品中。

1996 年 8 月 24 日 WindowsNT4.0 发布,在 93、94 年微软都相继发布了 3.1、3.5 等版 NT 系统。主要面向服务器市场。

1998 年 6 月 25 日 Windows98 发布,基于 Windows95 上,改良了硬件标准的支持,例如 MMX 和 AGP。其他特性包括对 FAT32 文件系统的支持、多显示器、WebTV 的支持和整合到 Windows 图形用户界面的 Internet Explorer。Windows98SE(第二版)发行于 1999 年 6 月 10 日。它包括了一系列的改进,例如 Internet Explorer5、Windows Netmeeting。95 是一个成功的产品,以至于现在仍有众多用户使用。

2000 年 9 月 14 日 WindowsMe 发布,集成了 Internet Explorer5.5 和 Windows Media Player7,系统还原功能则是它的另一个亮点。

2000 年 12 月 19 日 Windows2000(又称 WinNT5.0)发布,一共四个版本:Professional、Server、AdvancedServer 和 DatacenterServer。

2001 年 10 月 25 日 WindowsXP 发布,WindowsXP 是基于 Windows2000 代码的产品,同时拥有一个新的用户图形界面(叫做月神 Luna),它包括了一些细微的修改。集成了防火墙、媒体播放器(Windows Media Player),即时通讯软件(Windows Messenger),以及它与 Microsoft Pasport 网络服务的紧密结合。是目前操作系统使用率最高的一个系统。

2003 年 4 月底 Windows2003 发布,是目前微软最新的服务器操作系统,算是 2000 的一个升级。

Longhorn(Vista 的前身)成为微软公司下一版本 Microsoft Windows 操作系统的内部开发代号。它是继 WindowsXP 和 WindowsServer2003 之后的又一重要的操作系统。2005 年 1 月微软正式对外发布了新一代操作系统——Windows Longhorn。

接着，微软在 7 月 22 日将 WindowsLonghorn 正式更名为 WindowsVista,标志着新一代操作系统浮出水面。

有人说:"没有视窗操作系统，就不会有个人电脑在今天的普及。"这话说得一点也不过分，而微软公司在这方面所作出的成就更是不容忽视的。

作为操作系统领域里传统的强者，微软一直在努力维持自己的优势地位。为了扩大自己的市场竞争力，近两年，微软频频向苹果发起挑战，试图从苹果手中夺取更大的市场份额。

2009 年 10 月,微软正式发布了 Windows7 操作系统。该系统一经发布就广受好评,在短短一周内,用户满意度就由 10 月 21 日的 64%提高到了 67%。相比前一年全年微软的用户满意度提高了 14 个百分点。在 Windows7 拉动下,微软用户满意度的提升幅度高于苹果。

而到了 2010 年,微软又有了新动作——全力研发 Windows8,为此早在年初,微软就开始着手为 Windows8 招聘开发人员。

为了吸引亚太地区的广大用户,微软在 2011 年的 5 月又推出了 Surface 平板电脑计算系统——Surface2.0。该产品主要面向商场、宾馆、汽车、银行以及保健等领域的垂直应用。用户可以借助该系统在屏幕上实现更多的互动功能,普通的触摸屏产品可用来搜索信息,而 Surface 产品可以让用户实施和设计数字化工作。

面对微软的频频出击,已经正式升任为苹果首席执行官的库克深知苹果公司必须要在第一时间推出更具创新性的操作系统,唯有如此才能和野心勃勃的微软进行抗衡。

于是在 2011 年的 6 月,几乎在与微软公司对外展示了适用于触摸屏界面的 Windows8 系统的同时,苹果也发布了全新的 MacOSXLion(代号"狮子")系统,该系统的最大特点是支持笔记本多点触控操作。

Windows8 操作系统被微软公司称为是 Windows95 以来改变最大的操作系统,与该公司的最新版手机操作系统 WindowsPhone7 有些相似。其设计吸取了智能手机操作系统的一些特性,并兼具出色的触控操作功能,将支持平板电脑笔记本和桌面终端。由于速度更快的 ARM 架构芯片和更瘦身的 Windows 操作系统首次将这两种技术同时应用在计算机上,使得微软的平板电脑在和苹果公司竞争时,增加了筹码。

和微软的 Windows8 相比,苹果的这款 MacOSXLion 则将支持笔记本触摸板的多点触控操作,这是此前 PC 操作系统中前所未有的。用户只需用手指划动就可实现各种操作。

对于微软这个实力强劲的对手,库克展示出了他热衷竞争的一面。他的目标只有一个,那就是不仅要在平板电脑方面"蚕食"微软的 PC 市场,同时还要拿微软的"Windows"开刀。

他要彻底打破微软公司多年来在操作系统领域一家独大的局面,而通过自身地不断创新,引领苹果公司在这个领域里和微软展开角逐。

而在移动平台操作系统领域,库克也从未掉以轻心过。在这一领域里,安卓一直是苹果所面临的最大的敌手。可以说,在移动平台上,这两家公司无疑是当今世界里最出色的。两家公司的对抗由来已久。

下面就具体介绍下这两个系统。

iOS 是苹果公司在 2007 年发布的一款手持设备操作系统。这款系统最初只是为了 iPhone 使用,后来又相继被套用到了 iPodtouch、iPad 以及 AppleTV 等产品上。

这个系统之前的名称叫 iPhoneOS,后来在 2010 年 6 月 7 日的 WWDC 大会上,被更名为 iOS。

而 Android 系统是由 Google 主导的,由 OHA(开放手机联盟,Open-HandsetAlliance)开发的一个操作系统,最初它主要应用于手机设备。它设计之出就表现出了完全的开放性和强大的可扩展性,因此已经成为最为流行的嵌入式设备操作系统之一,如上网本、机顶盒、全球定位设备、车载设备、电视机等。其首次发布于 2008 年。

苹果 iOS 系统的核心理念就是"应用为王",iPhone 上的 AppStore 上拥有号称 20 万的应用程序,其中有很多的游戏大作,比如极品飞车、愤怒的小鸟、水果忍者等等。Android 系统的核心理念则是"开源",正是由于这种"开源"理念,使得很多厂商可以在 Android 默认的界面和 UI 上进行"二次开发",形成自有的特色, 如三星的 Touchwiz 界面、HTC 的 HTC-Sense 界面等等。和 iOS 一样,谷歌 Android 系统上也有自己的"软件商店"——AndroidMarket,这个软件商店目前已经有了 15 万个应用,而且相对 iOS 来说,免费的软件更多一些。

苹果 iOS 平台的功能如果有,可以支持 iPhone3G/3GS、iPhone4、iPod、iPad 等手机设备的运行;而谷歌 android 的平台则能够支持 Android 系统的所有机型,包括 HTC、摩托罗拉等品牌。这两种系统都可支持网络共享和文件夹功能。不同的是,苹果 iOS 不支持播放 Flash 仅支持 Html5 和官方在线应用;而 Android 系统则内嵌最新版 Flash10.1。iOS 可以支持视频聊天, 但只限于 iPhone4 手机,Android 系统则可通过第三方应用扩展;iOS 支持 iBooks 电子书服务,而 Android 系统通过第三方应用扩展。

两种系统所支持的热门游戏也有所不同。iPhone 热门游戏包括:愤怒的小鸟、植物大战僵尸、水果忍者、街头霸王 4、会说话的汤姆猫。而 android 的热门游戏则包括:和雏子 MM 一起做运动、愤怒的小鸟、都市赛车 5、涂鸦跳跃、植物大战僵尸。

两者的热门应用也有差别,iPhone 热门应用包括苹果 iBooks、UC 浏览器、手机电视、QQ、开心网;android 的热门应用包括:UC 浏览器、来电通、支付宝、飞信、百度手机输入法。

可以说, 这两种系统自打面世以来就不可避免成为了用户们竞相比较的对象。人们对这两种系统的关注度越高,就意味着这两种系统之间的竞争越激烈。

作为苹果的新任 CEO,库克深知安卓是一个不好对付的敌手。要想有效遏制安卓的竞争,苹果公司唯一要做的就是不停地创新,以期在创新中不断壮大自己在软件方面的实力。

面对安卓系统的挑战,苹果公司不断地升级 iOS 系统。在相继推出了 iOS4.2、iOS5.0 等等版本后,又在 2012 年 6 月 12 日推出了 iOS6 升级版。

这款新的 iOS6 在之前的版本的基础上,新增加了很多功能。让用户使用起来更加方便,也更加贴心。同时也会在业内引起新的格局变化。

作为苹果的一个重要的用户群体,中国这个广大的市场,一直受到苹果的重视。这次新的系统的发布,也同样考虑了中国用户的感受,在发布了 OSXMountainLion 美洲狮系统之后,苹果专门针对中国用户而特别优化 iOS6.0 系统。新的 iOS6.0 可以在拍摄照片后,直接分享到新浪微博、拍摄视频后直接分享到优酷或者是土豆网。让你能够随时随地的和朋友们分享属于你的快乐;同时,苹果宣布在 Safari 浏览器内置百度搜索引擎,让我们使用起来更加方便自如;新的系统内置更聪明的中文输入法,可以通过 iCloud 同步用户的输入法词库到任何苹果设备,包括 iPhone、iPad 和 Mac;内置 QQ 邮箱、126 和 163 网易邮箱,便于你收发邮件;同时还可以支持 2G 网络的 Facetime,并且具有直接取消接听不知名的、陌生的来电的功能,这点将会给我们带来很多的便利。当然,如果你使用的苹果产品是最新的 iPhone4S 或者是新 iPad,那新的 iOS6.0 系统能够更你带来更加多的贴心服务:可以和支持中文的 Siri 聊天打趣、问路、问最新上映的电影、问哪家餐厅评分更高些等等。新的 iOS6.0 系统中加入了更多的中国的元素。

为中国用户进行优化仅仅是新的 iOS6.0 系统变化的一部分,它还有更多的精彩。

苹果地图无疑是一个新的亮点。随着和 Android 系统竞争的加剧，"去谷歌化"成为 iOS6.0 系统一个重要的特征。首先被"去掉"的就是谷歌的强项——地图服务。在新的 iOS6.0 系统中，苹果首次抛弃了谷歌地图，推出自有地图——Maps，代替了谷歌地图成为 iOS6.0 内置的地图应用。在 Maps 里，苹果加入了 1 亿个商户信息、转弯提示(Turn-By-Turn)导航、3D 地图、语音导航等功能。苹果根据国内外不同的情况，分别选用了不同的地图数据合作供应商，在国外的是 TomTom 和 OpenStreetMap，在国内的是高德导航。这款地图应用会通过匿名收集数据的方式来提供交通资讯，同时任何的路线变更在 Maps 中都会有跳出提示。除了这三个地图数据供应商提供的信息外，为了更好地提供服务，Maps 地图应用在国外还会和著名的餐饮点评应用 Yelp 合作，用户可以在 iOS6 的 Maps 地图上查找附近的餐馆，根据 Yelp 上的好评度来选择到哪里用餐。而在国内的合作很可能是拥有国内众多大城市餐饮数据的大众点评网，给用户带来更加便捷的服务。除了上述的优点之外，Maps 地图应用还可以和 Siri 语音助手配合，用户可以通过 Siri 很轻松便捷的查找任何街道、商铺信息，而且还能使用超炫的 3D 立体地图。Maps 将会带来什么样的感受和冲击，我们将拭目以待。

苹果在 iOS6 系统中除了引入自己的 Maps 地图外，还对 Siri 语音助手进行了强大的升级，其中最大的升级是 Siri 听懂了中文，并且不仅仅能够听懂普通话，粤语、台湾话也不再是问题。并且 Siri 语音助手还对新 i-Pad 提供支持。Siri 语音助手能够通过与 Maps 地图数据和大众点评的评价信息进行配合使用，在不需要打开地图的情况下，可以与 Siri 语音助手进行交流，可以询问：晚饭去哪里解决、附近有没有电影院等等。除了能够听懂中文和提供餐饮等信息外,加强版 Siri 还能告诉你足球比赛的比分、查看最近有什么新电影上映,以后查看这些信息也不用找百度谷歌了,直接拿起手机问 Siri 吧,可以说是功能强大。

苹果 iOS6.0 在对 Siri 语音助手进行强势升级的同时,也对 iCloud 的分享功能进行了升级。通过这次升级,iCloud 变成了一个照片分享工具,只要选择照片、选好联系人,就可以和他分享 iCloud 上的照片了。分享的内容包括:联系人信息、照片数量等。照片分享也提供了多种形式,包括 iCloud 照片流分享、在网页端的 iCloud 服务器管理照片流。

PassBook 也嵌入到 iOS6 系统中,这个功能偏重商务应用方面的更新。通过 PassBook,可以记录登机信息、电影票信息、优惠券、贵宾卡、球赛入场券等信息数据。这些信息都通过二维码实现,只要商家支持,通过二维码,就能够直接用 iPhone 登机、进戏院、使用电子优惠券。在记录信息的基础上,PassBook 还具有一个功能:自动显示附近商家的会员卡和优惠券等信息。举一个很简单的例子:当你经过沙县小吃的时候,PassBook 会弹出一条信息提醒你沙县小吃就在附近,并且还能够为你提供与沙县小吃相关的优惠券。PassBook 不但能够记录并提供提示信息,它还向第三方开发者提供开放,商家可以通过 PassBook 平台打造属于自己品牌的二维码优惠券。我们可以设想一下:如果沙县小吃也具有了自己打造的优惠券的时候,苹果科技的恐怖程度可想而知了。这才仅仅是其中的一部分,如果 PassBook 进一步开放使用 AppleID 绑定的信用卡支付,那么只要用 iPhone 手机刷一下,就可以完成支付,那个时候苹果技术真的就没有办法形容了。

在浏览器方面,iOS6 系统也对 Safari 进行了升级。正如前面所描述的

238

那样,Safari 浏览器中新增百度网页搜索，并且能够在 Safari 浏览器中进行默认搜索的设置。可以说是充分考虑了中国用户的感受。不但在增加了百度网页搜索,而且还增加了 iCloudTap 书签同步功能,通过 iCloud 同步网页书签，在 iPhone 上看到一半的网页，可以在 iPad 或者 Mac 上接着看。

在 FaceTime 通话，苹果公司也进行了进一步的升级。以前的 Facetime 仅能在 WiFi 网络下使用，采用 iOS6 系统的 Facetime 实现了对 2G 蜂窝网络和 3G 网络的支持。这项技术给我们带来了更多的通话方便,但是也会对 QQ 视频、Skype 等视频聊天工具都是一大挑战啊!

为了能够更好的体现你对苹果产品独一无二的拥有,苹果 iOS6.0 新增了一个 GuidedAccess 功能,这个功能可以让你随心所欲的设置其他使用者的操作权限,比如禁用 Home 键,让第三方使用者无法退出指定运行的应用。

使用过以前的 iPhone 的朋友都有一个苦恼,当来电话而又不方便接的时候,你会面临一个尴尬:iPhone 没有取消来电的按钮,电话会一直响。如果当时你正在开会,并且还忘了开启 iPhone 的静音,来电又不能取消,所有人对会把目光投向你一个人,估计那时候的你真是囧爆了。其实原来取消接听来电还是可以操作的，但是操作比较麻烦：按一下顶部的电源键,屏幕就会关闭,这时再按一下 Home 键,就能取消接听来电。在 iOS6 中,操作变得是那么的得心应手,Decline(取消接听)来电让你一键解决,并且在取消的时候还可以选择向对方发信息，说明不方便接听电话的原因。除了具备这个功能外,还能够设置在某个时间点、某个地点(使用地理信息确定位置)开启/关闭接收特定来电,非常适合经常要接听电话的商务人士。并且还能够设置接听电话的时间,可以说是提供了贴心服务。

除了在电话管理方面有所突破,对于邮件的管理也进行了很好的改进。它新增 VIP 分组,可以将重要联系人加入其中,能够让您快速找到重要人士的邮件,不要错过老板、重要客户的每一封邮件。并且在编写电子邮件时可插入照片和视频;为每个账户提供独有的签名,彰显你的个性;打开受密码保护的 Office 文稿,让你使用更加方便;更新收件箱,只要像刷新微博那样轻轻向下一拉即可, 比 iOS5 等老版本的邮箱操作更加方便。

在社交服务方面,iOS6.0 在 iOS5 只支持 Twitter 微博这一个社交服务的基础上,加入了对 Facebook(全球最大社交网站)的全面支持,可以一键将照片、视频等发送到 Facebook 分享,还可以通过 Facebook 对应用评分。不过国内用户无法正常访问 Facebook,这项相当重大的更新对国内用户来说只是浮云。

除了上面的改进,在 iOS6 中,通过 GameCenter,你可以挑战朋友赢得的高分和成就,并将所获得的高分和成就发布到 Facebook 和 Twitter。并且对 AppStore 和 iTunesStore 改进,主要是更新的商店设计和记录 iTunes 预览历史记录。增强了"通讯录"、"日历"、"提醒事项"、"照片"以及通过蓝牙共享数据时的隐私控制。可以说 iOS6 更加靠近我们的应用。

第三节　坚持客户价值创新，打造空间竞争策略

库克自 2011 年 8 月接替乔布斯担任苹果公司首席执行官以来，已经过去了一年多。在这一年多的管理实践当中，库克用他的实力证明了自己的价值。

乔布斯在世时，库克是他忠实的拥护者，两人合作默契，鲜有冲突。他们心里都有一个共同的目标，那就是要让苹果公司平稳地发展下去，继续在业内保持领先的地位。

在这长达十几年的合作中，在两人的共同努力下，苹果公司创造了一个又一个令人艳羡的奇迹。他们所推出的产品是世界上最棒的，几乎每一款产品都被罩上了明星的光环。他们为苹果产品赢得了大批如痴如狂的"果粉"，他们让产品的销售额节节攀升，屡创新高。

很多人都在问，为什么苹果公司每推出一款新的产品，都能引发疯狂的抢购？为什么世界各地的"果粉"们会提前几天来排队等候购买到自己心仪已久的那款 iPad2？为什么在很多地方，竟然发生抢购冲突？

对此，库克也曾认真思考过。他不否认"饥饿营销"、"体验式营销"对苹果产品的推广所起到的重大作用。但在他看来，这两种营销方式只是一个招术，并不能算是苹果产品制胜市场的核心。如今的世界市场早已今非昔比，面对众多竞争对手的疯狂竞争，苹果公司要想始终保持不败的领先地位，就必须要在竞争策略上进行创新，彻底摆脱那种传统意义上的市场运作方式。

在此之前,苹果公司始终坚持以产品、技术为基础制定竞争策略。在库克看来,这样的做法不能说不对,但却也有它固有的缺陷。库克经常扪心自问的一个问题就是:面对如此激烈的市场竞争,苹果公司的产品和技术就真的能始终处于领先地位吗?客观地讲,虽然苹果公司目前在市场上仍保持着优势。但这种优势并不是绝对的。虽然苹果公司始终在竞争对手面前显得十分强势,但事实上,这些对手也并非没有任何竞争力。他们在苹果公司面前虽然处于弱势,但他们却始终没有放弃追赶,并且超越。特别是像谷歌、三星、微软等这样的巨头,他们怎么可能会心甘情愿地低头认输呢?

鉴于此,库克认为苹果公司当务之急,就是要尝试建立一种更为立体化的"空间"竞争策略,而不是一味地抱着产品策略和技术策略不放。

事实上,苹果公司的市场策略已经超越了我们传统意义上理解的市场运作,不是运用局限于产品、技术的竞争策略。那么,何谓"空间"竞争策略?

库克一直在跟苹果公司的员工强调,切不可把市场竞争策略简单地归结为新产品、新技术的竞争。实际上,新产品可能只是诸多竞争激烈产品的延伸,单纯的技术创新也很难开启市场。也就是说,基于产品、技术锁定,因为基于单纯的产品、技术锁定形成的竞争优势是非持久性的,难以创造未来的获利性增长。

在这种情况下,苹果公司只有在顾客价值上进行创新,跨越现有的市场边界,将竞争元素重新筛选组合,才有可能开创获利性增长的空间。事实上,这种空间竞争优势是竞争对手想模仿也模仿不了的,而随着时间的推移,这种竞争优势将会越来越明显,如此一来,苹果公司才能最终建立一种持久性竞争优势。

通过对竞争对手的分析，库克发现近年来，在笔记本和手机领域，苹果的很多竞争对手在如何面对客户上，基本上都采取了回避的态度，他们的出点发只是把产品推销出去，而不是去更好地服务客户。甚至有的公司还关掉了自己的客户服务部门，也有的公司为了减少麻烦，竟然要客户自己去网上寻找常见问题的解答。这样的态度无疑是不利于公司的发展的。从某种程度上来说，客户是公司的衣食父母，没有客户的追捧，公司何谈盈利呢？

鉴于此，库克认为苹果公司切不可走其他公司的老路，而是应该是始终把消费者的需求方在第一位。虽然苹果公司具备着高超的设计能力，拥有抗衡竞争对手的核心优势，但切不可一味注重设计，而把客户的需求放在一边。

基于这种考虑，库克一再跟苹果的设计师们强调，必须要确保设计的产品简单易用。而为了替广大用户解决各种技术问题，苹果公司专门在AppleStore 零售店内设置了 GeniusBar 天才吧，所有的用户都可以在这里得到专业的建议和专业的技术服务。

库克说："企业在以往的发展过程中最值钱的是资本，谁的资本大谁就是当之无愧的老大，后来就是技术，现在是客户价值创新。"

那么到底怎样帮助客户创新价值呢？简单地理解就是帮助客户创造性地解决问题，从提供产品到为客户提供解决方案，从产品创新到需求创新，品牌竞争力持续加强，企业持续发展的能力不断被创造出来。库克认为"客户价值创新——为客户提供创造性的最佳解决方案"这将是企业未来发展的必然趋势，这种价值创新的能力会使企业获得成倍的利润增长，满足增长型企业的需求。

同时，库克还强调，苹果公司要想制胜市场，就不仅仅要为用户着想，做一个用户体验的高手，还应该成为了一个战略制定的高手。

对于任何一个公司来说，尤其是像苹果公司这样一个高科技巨头来说，要想维持稳定、健康地发展，就必须要确保公司有一个清晰、明确的战略规划。在苹果公司几十年的发展过程中，其战略演变大概经历了三个阶段：

第一阶段是优质优价战略。在苹果公司发展初期，乔布斯对于公司的战略规划很明确，那就是不造廉价品，只造优质品。在乔布斯看来，优良的质量永远是吸引顾客的最好手段。

第二阶段是"硬件+软件"的吸金组合拳战略。这一战略便是乔布斯和库克共同制定的。2001 年，苹果推出了 iPod，刚一面世时，其售价高达 399 美元，在受到消费者热捧后，公司随后又推出了容量更大的 iPod，定价为 499 美元。为了进一步扩大市场，很快，公司就又推出了衍生周边产品，比如 iPodHi-Fi。这一系列产品以其优良的质量，完美的功能，独特的外形设计牢牢地吸引了众多粉丝。这样的情况简直让乔布斯和库克都感到难以置信。

然而，他们的动作还没停止。为了巩固自己的市场地位，苹果公司又在软件上下起了功夫。很快，公司就推出了 iTunes、App 商店。在硬件+软件的吸金组合拳的作用下，苹果公司牢牢地占据了市场。这样的吸金路线让苹果公司尝到了甜头，于是在日后推出 iPhone、iPad 等明星产品时，又一次被派上用场。

对于苹果公司的发展来说，这套组合拳战略可谓是作用巨大。它不仅让苹果公司赚得盆满钵满，更让苹果公司在群雄逐鹿的世界高科技企业里坐上了头把交椅。

当苹果公司进入高速发展期后，乔布斯和库克又对公司做出了明确的规划。他们的目标就是要把苹果公司从一个消费电子公司升级为一个平台公司，以硬件来带动平台，再以平台来扩大新的硬件需求。

正所谓："守正出奇，法无定法。"在库克看来，苹果公司在发展上应该要循着一个清晰地轨迹往前发展，哪些事情可做，哪些事情不可做，这些都要仔细考虑清楚才行。否则很可能就会落得个一着不慎满盘皆输的下场。

"从产品分享到品牌共建"策略是库克的又一个战略规划。在很多人眼里，苹果公司一直以特立独行著称。而苹果公司最特立独行的一个表现就是把顾客纳入到了品牌建设体系当中，这是很多公司都做不到的。

库克的想法很简单，那就是要让苹果公司和广大消费者成为朋友。顾客在购买完公司的产品之后，可以与苹果公司的员工共同分享软件和专业知识。在这种交流互动中，就会产生一批死忠的苹果粉丝。这些粉丝就会把苹果产品的观念迅速推销出去，影响至深。很多时候，苹果公司就是在这些粉丝当中选择招收新员工的。

这种做法归结为一句话就是与顾客共建品牌，广大顾客通过免费参与传播苹果的产品，便可以享受到作为消费者的"发言的权力"。

在这一点上，我们光看看苹果公司那些遍布世界各地的品牌体验店就可一目了然。那些装饰奢侈、看上去如梦幻一般的体验店，其实已经不仅仅是一个简单的商店了，它已经成了苹果顾客交流意见的场所，和体验新产品的梦幻之地。库克曾说："以微小方式改变世界"，这就是苹果公司的品牌共建之道。

当时间进入到 2010 年以后，苹果公司的发展更是极其迅速，2010 年的 5 月 26 日对苹果来说是一个不寻常的日子。就在这一天，苹果公司以 22136 亿美元的市值一举超越微软，成为了全球最具价值的科技公司。这一事件具有着重大意义。它意味着苹果公司从此开始进入了一个新的发展时期。

作为知识经济的代表，苹果公司具有高技术、高投入、高风险、高收益以及专业化的特征。正是由于具有这些特征，使得苹果公司独霸高端市场。可以说，对于苹果公司在移动互联网时代的表现，苹果的市场投资者们充满了信心和期待。这便让库克意识到，苹果必须要成为移动互联网时代的先行者。所以自从库克出任苹果公司首席执行官以后，他便把大量的精力投入到了移动互联网领域。

此外，库克还认为，在这样一个以创新为主导的新经济时代，苹果公司要从技术创新转移到应用创新上来。乔布斯在世时，最常说的一句话就是"革命性"，他对于产品的创新始终抱有极高的热情。然而这种对于技术创新的执著追求真的适合已经进入新时代的苹果公司吗？库克的答案是否定的。2006 年，微软在研发方面的投资为 60 亿美元，2007 年又提高到 75 亿美元。和微软相比，苹果公司在研发上的投资明显要少很多，而让人奇怪的是，苹果公司所获得的收益却并不比微软公司少。随着苹果市值超过微软+惠普，库克意识到，如今的市场竞争的游戏规则已经发生了变化：一个由"技术创新"驱动的时代徐徐落幕，一个"应用创新"时代的大幕已然开启。

没有人会去怀疑苹果公司的创新能力，也许在未来的某一天，苹果公司就会推出一款没有桌面的电脑。

一直以来，苹果公司在产品创新方面所花费的力气是无人能及的。但在库克看来，创新不是狭隘的创新，真正的创新其实是一种全方位的创新，而不是仅仅把产品改一改。对于一个企业来所，创新包括很多方面，比如战略创新和观念创新、技术创新和组织创新、市场创新和文化创新。只有在这些方面都做到了创新，才能使得苹果公司始终处于不败之地。

所谓"空间竞争策略"，说得简单一点就是，要关注企业经营对客户、品牌、产业、战略、资本、创新的运作实践，关注消费者体验细节，最大限度满足顾客情感诉求，努力开拓满足人们心理需求的经营范畴。只有这样，才能为苹果公司创造一个新的价值空间，才能让苹果公司具备出色的核心竞争力。

第四节　开始注重企业市场，关注企业需求

作为苹果公司新任 CEO，库克和乔布斯有着很多不同之处，特别在对待企业客户上，两人的观点更是大相径庭。

和库克比起来，乔布斯似乎显得更加倔强，只要他不想做的事，别人是很难说服他的。一次，一个企业主管对乔布斯说："如果你们能在 iPhone 上多增加一些功能的话，我们就会下大单。"不成想却遭到了乔布斯的一顿冷嘲热讽。乔布斯对他说："黑莓手机倒是一直以企业为主力客户，可现在看来它的市场份额不过如此。是你的话，你会为谁制造手机呢？"

作为苹果公司的掌门人，乔布斯向来说一不二，他倔强的性格已经在

所有苹果人心里打下了深深的烙印。不得不承认，苹果公司之所以会获得如今的辉煌，很大程度上也是得益于乔布斯这种倔强的性格。在乔布斯的带领下，苹果公司成为了世界上最具个性的公司。

但需要说明的是，乔布斯这种倔强的性格也有其不利的影响。就拿他拒绝关注企业的客户这点来说，这种想法在擅长运营的库克眼里便是有欠妥当。

在库克看来，追求利益最大化是任何公司唯一的目标，只要能够获得利润，无论是哪种市场，都有必要给予足够的关注。而像企业这种大客户就更应该加大重视力度。

早在2011年，很多外国媒体就曾报道，很多大企业对苹果公司的产品兴趣十足，特别是对iPad和iPhone更是青睐有加。甚至有些企业家开始呼吁苹果公司应该给予企业客户以更多的关爱。对于这一点库克一直看在眼里，记在心里。在他的建议下，苹果公司开始转变之前的观念，转而思考企业需求了。

在接过乔布斯的位子之后，库克更是加大了与企业家接触的频率。和乔布斯相比，库克留给这些企业家的印象要友善、温和得多。这种良好的影响无形中为苹果的产品做了宣传广告，很多企业家在与库克会面之后，纷纷表示要大量购买苹果的产品。

这正是库克想要的。他认为对于苹果公司来说，企业这块市场是苹果公司利益增长的利润基础，因此没有任何理由忽视它们。

在库克的引导下，苹果的众多分销商也开始重视起企业客户来。

作为苹果最大分销商之一的IngramMicro公司就表示今后要更加关注企业客户市场。

　　一直以来,苹果非常依赖该公司去开拓企业用户市场,因为它们已经意识到企业用户市场对平板电脑的需求十分可观。

　　就拿 iPad 平板电脑来说,库克在经过详细地市场调查之后发现,这款电脑已经成为了企业用户的首选。

　　iPad 之所以如此受企业用户的青睐,这跟它自身的特性密切相关。特别是对于那些需要经常与公众接触的企业来说,iPad 绝对是品牌身份的象征。可以想象,当您公司的员工拿着 iPad 帮助客户下订单、向客户展示计划和项目时,这一定引起客户的关注,从而打动客户。

　　相比之下,安卓的平板电脑就没有如此强大的影响力。这也是库克决定趁机巩固企业市场的一个最重要的客观原因。在库克看来,这正是苹果电脑争取广大企业市场的绝佳时机。

　　安卓平板电脑在 2010 年才进入市场,要比 iPad 晚得多。更为重要的是,大多数 Android 应用市场中的应用并不是专为平板电脑设计的,而苹果的 AppStore 中却有着大量可供用户选择的专用应用程序准备。如今 Android 的应用和 iPad 发布之初的那些应用基本没什么两样。当时大多数应用都是专门为 iPhone 设计的,因此只能够在屏幕上占据很小的一块位置。虽然安卓可以将这些应用通过"放大"功能放大,但其像素质量和用户界面体验却大打折扣了。

　　另外,和 iPad 比起来,Android 平台的开发要相对滞后很多。

　　想要重新开放一款安卓应用并不是一件简单的事。它不仅要把苹果设计好的应用转化到安卓平台上,还要重新进行编码。这对于那些拥有 i-Pad 应用程序的企业来说, 就意味着他们必须要重新招聘安卓开发人员重新编写应用编码,这是一件既耗时又耗力的事。任何企业都不喜欢去做这样愚蠢的事。

而在价格方面，iPad 的价格和安卓平板电脑的价格相差无几。如此一来，安卓平板电脑的竞争力就更加弱了。

此外，在用户界面体验方面，库克更是自信满满。因为，苹果旗下的产品其清爽的用户体验至今无人能够超越。iPad 用户可以轻松地对应用进行整理分类，而 Android 的平台界面却很容易被大量的应用弄得凌乱不堪。在库克看来，一个更为清爽的用户界面往往意味着更有效率的使用体验。

再者，企业用户之所以会购买平板电脑，其看重的正是电脑的生产力应用。对于安卓平板电脑来说，它不能为广大用户提供丰富而强大功能的笔记应用——Penultimate。

和它比起来，iPad 却能帮助用户进行大量优秀的文字处理和提供其他面向办公的应用程序，如果再搭配上一款便携式物理键盘，iPad 则完全可以代替笔记本。因此，对于很多小企业而言。iPad 平板电脑仍然是它们的第一选择。

这所有的一切都使得库克开始关注企业用户市场。库克的这一理念最终为苹果公司带来了巨额收益。据有关数据显示，在财富 100 强企业中，有 65% 的企业购买了 iPad。这些公司包括 Procter&Gamble，Lowes，NBCUniversal 和 Hyatt 等。

为了进一步扩大苹果产品在企业市场的占有率，在库克的安排下，苹果公司和 UnisysCorp 公司建立了合作关系。此后，Unisys 将为这些客户提供维护服务。

同年 10 月，苹果公司又推出了新版计算机操作系统，库克的意图十分明显,他想将苹果笔记本电脑和台式计算机渗入到企业市场中去。

为了进一步吸引企业客户,库克一方面充分发挥了近 300 家零售连锁店的营销作用,另一方面还专门组建了一支针对中小企业进行销售的销售队伍。同时,苹果公司还扩大了销售人员人数并创建了专业岗位,以为企业客户提供支持。

此外,库克有效地借助合作伙伴的力量进军企业市场。其中作为美国第二大移动运营商的 at&t 公司就是苹果公司的一个重要的搭档,该公司将开始直接向企业销售 iPad,以及折扣服务计划。

对于进军企业市场,库克曾对人说:"大多数公司都大量使用 PC,我们希望向企业客户销售更多的产品。"

第五节　组织的创新是公司发展的保障

在当今世界上,要问哪个公司是最卓越的,最伟大的,相信很多人都会说是苹果公司。确实如此,如今的苹果公司似乎已经不仅仅是一个高科技公司了,它更是一个象征,它象征着时尚的生活方式,独特的生活理念等等。大多数人只要提到苹果公司,都会情不自禁地感慨一番。在世界众多高科技产品里,苹果公司的产品是最受欢迎的,市场销量一直稳居前列。没有哪一个公司能有像苹果公司那样死忠的"果粉",这对于一个公司来说,绝对是值得骄傲的事情。

如今,苹果的市值已经超越了微软和英特尔,成为了全球最具价值的科技公司。在《商业周刊》评选出的"世界最有创新力的 50 强公司"中,苹果公司排名第一。

有人要问了,苹果公司到底是如何成功的?难道苹果公司真的那么有远见吗?事实上,苹果公司确实很有远见,但他们的远见是建立在创新精神之上的。

从产品层面上看,苹果产品之所以能引发"苹果粉"的膜拜狂潮,关键在于苹果的研发创新能细致入微地洞察消费者的内心。而作为苹果公司新任 CEO 库克来说,苹果公司真正的变革绝不局限于产品创新,而在于把新产品、新技术和强大的商业模式恰到好处地结合起来。这就需要苹果公司在组织上也要进行创新,只有这样才能确保苹果公司始终保持一个稳定的发展状态。

苹果公司是一个特别讲究问责制的公司。其责任制文化一直是苹果公司组织管理的最显著的特点。

乔布斯在世时,苹果公司每周都要举行数次例会来专门向员工灌输责任制文化。每周一,乔布斯要与公司的执行管理团队就近期的重要项目进行分析和总结,并商讨进一步计划;每周三,乔布斯要主持市场营销和公关部会议。简明的架构意味着责任清晰。

和很多公司不同,在苹果公司内部,只有每周定期举行的例会,而没有太多的流程。这十分有利于提高苹果公司的工作效率。

因为,从产品设计的角度来看,苹果公司的每一位一线的设计师都能第一时间从管理层那里获取反馈信息,这可以帮助设计师们及时对产品进行改进,及时调整自己的设计理念,从而使自己不至于偏离公司的设计轨道。

库克在接任 CEO 以来,也秉承了乔布斯的这一理念。

在库克接手苹果以来，这种责任制文化继续在苹果内部发挥着重要的作用,公司内部从来没有因责任不清晰而产生任何杂乱无章的局面。

在苹果,这种责任人有一个特定的名字叫 DRI(直接责任人)。在苹果各种会议上,这个名字常常会出现,公司的每一个员工都十分清楚各项事件的 DRI 是谁。在苹果,如果有人找某一项目对接人,你一定会听到他问:"谁是 DRI?"

在库克看来，光做到责任分明是不够的，苹果公司还要做到组织简明。库克一直把组织简明看成是苹果管理架构的核心。苹果公司内部没有设立执委会,公司的盈亏表只掌握在首席财务官一个人手里,只有他一个人对公司的收益或亏损的成本和支出负责。这一点跟其他很多公司不同。通常,大多数公司都把 DRL 看作是经理工作表现的最终考核指标,而在苹果,这些效益指标只是首席财务官需要考虑的。这就更为员工分享观点提供了组织保障。

在组织管理这一块,库克十分注重提高公司的聚焦能力。在苹果,任何负责人都可以直接发表自己的意见,无论是肯定的还是否定的,管理层都会虚心接受。而管理层十分善于下放权力,一旦将权力下放,就会给予负责人百分百的支持。这对于一个如此庞大的企业来说,实在是难能可贵的。

库克说:"这就像是摄影一样,战略聚焦也同样需要配备镜头,公司要透过它来对各项业务进行审查。比如生产产品的种类,市场销售情况,品牌建设情况等等。"

第六节　携带新 iPad，向对手下战书

库克在继任苹果 CEO 之后，所做的最具轰动效应的一件事就是发布了新一代 iPad。库克为何会选择在这个时间推出新一代 iPad，其实这跟当前的市场竞争形势和苹果一向坚持的创新传统有关。

库克和乔布斯身上有一个最大的共同点，那就是崇尚创新，渴望通过不断地技术创新和产品创新来保持苹果公司在业内的霸主地位。

就拿 iPad 来说，这款产品在 2010 年首次被推出时，只是苹果公司的一项副业。然而，第一代 iPad 的横空出世却让所有人都大跌眼镜，其市场份额高达 94.3%。这对于一直没把 iPad 当成重点的苹果公司来说，实在是意外之喜。

iPad 与 iPhone 布局一样，提供浏览互联网、收发电子邮件、观看电子书、播放音频或视频等功能。如今，随着 iPad 地不断发展，它已经成为了苹果公司的一项重要业务，2010 第一财季给苹果带来了 91.5 亿美元营收，约占苹果总营收的 20%。第一财季 iPad 销量约为 1500 万台，比上年同期增长逾 1 倍。

然而，虽然 iPad 取得了巨大的成功，但在追求创新的苹果来说，它仍可以做得更好些。

于是在 2011 年 3 月，苹果公司在美国旧金山芳草地艺术中心发布了全新的 iPad2 平板电脑。和 iPad1 比起来，iPad2 增加了许多新的功能。同

时,iPad2 更轻更薄，采用了 AppleA51GH 双核处理器,PowerVRS - GX543MP 图形核心,单芯片整合设计。增加了前后两个摄像头,可以随时随地地拍照。支持两种 3G 网络,分别是 WCDMA 和 CDMA2000。在颜色上还是苹果比较常用的两种颜色,黑色和白色。增加了酷炫智能盖,边缘棱角更圆滑,弧度自然延伸到背部的平面。内置麦克风从耳机接口旁移到了顶端正中央。背后的扬声器开孔增大。内置三轴 Gyro 陀螺仪,支持数字罗盘功能。屏幕继承了 iPad 的经典 9.7 英寸屏幕。总体上来看,iPad2 更加人性化了。

这款功能更加全面的平板电脑同样不出意外地受到了广大消费者的热捧。据统计,iPad2 在刚上市的第一个月里销售了将近 260 万台。

就在 iPad 大行其道之时,一些竞争手也不甘寂寞,纷纷出招,想要和 iPad 一争高下。

首先向苹果发起挑战的是全球最大在线零售商亚马逊公司。2011 年 9 月,亚马逊正式发布了平板电脑产品——KindleFire,售价为 199 美元。这款平板电脑搭配了 7 寸的显示屏,售价仅为 iPad 的一半。

业界人士认为,亚马逊的平板电脑将会成为苹果最大的威胁。因为亚马逊公司拥有足够多的电子书、在线影视、音乐等资源。这是很多公司都不具备的。

这款平板电脑势头强劲,上市仅仅一周就被抢购一空。据当时某调查公司预测，亚马逊平板电脑将以每年 51% 的增幅持续增长至 2015 年。而新的 Kindle 平板也将给亚马逊 2012 年的总营收带去 32% 的增长。

面对亚马逊的激烈竞争，库克在正式继任苹果 CEO 之后，便开始思考应对之策。深思熟虑之后，库克决定推出新一代功能更强大的 iPad，以此和亚马逊抗衡。

于是在 2012 年的 3 月份，苹果正式推出了新一代 iPad。这款配置 A5X 处理器，采用分辨率达到 2048×1536 像素的高分辨率 Retina 触控屏的平板电脑，售价在 499 美元至 829 美元。此外，这款显示屏依然为 9.7 英寸的平板电脑，还能够加入到 4G 长期演进技术（LTE）网络当中。

在性能上，苹果对这款新诞生的平板电脑进行了全面升级。且升级幅度是 iPad 平板电脑自 2010 年问世以来最大的。库克之所以这样做，就是想以此来吸引新用户。

在"新 iPad"的发布会上，库克一上台就宣称"后个人电脑时代"已经到来，"iPad"将是这个时代的领路者。不同于之前的 iPad2，新一代 iPad 在名称上直接用"新 iPad"来命名。在技术上，"新 iPad"采用了视网膜屏幕，清晰度比一台高清电视还要高。摄像头的像素由 iPad2 的 70 万提升至 500 万。此外，新一代 iPad 还使用了苹果最新的 A5 处理器，搭配最新的 iOS5.1 系统，运算速度提升了 3 倍，并且支持 4G 网络。另外，在"新 i-Pad"上加了智能语音识别系统。为了支持全新的处理器和系统，"新 i-Pad"的电池容量比 iPad2 增加了 70%，电池续航能力保持在 10 个小时。"新 iPad"的售价和 iPad2 一样，"新 iPad"上市销售之后，iPad2 将降至 399 美元。

在乔布斯去世之后，库克适时地推出了这款新产品，以新品发布来稳定投资者对市场的信心。据统计，苹果公司股价在今年的 2 月 13 日的交易中一举突破 500 美元，创下历史新高。以 502.6 美元的收盘价计算，苹果总市值超过 4600 亿美元，高居全球第一。

在库克看来，创新永远是苹果公司制胜的有力武器，只要能保持不断的创新，苹果公司就可以在业界保持领先的地位。